Cyber espionnage

Ou comment tout le monde épie tout le monde !

Du même auteur aux éditions Chiron

- LE MANUEL DU GARDE DU CORPS
- LE GRAND LIVRE DE L'ESPIONNAGE
- LA PLONGÉE MILITAIRE
- LE MANUEL DE L'AGENT DE SÉCURITÉ
- LE RENSEIGNEMENT HUMAIN
- LE GUIDE DE RECHERCHE DES PERSONNES DISPARUES
- DES GUERRES RÉVOLUTIONNAIRES AU TERRORISME
- PRISE D'OTAGES, MODE D'EMPLOI

À paraître

SERVICE ACTION

Chiron
ÉDITEUR

ISBN : 978-2-7027-1212-2

25, rue Monge • 75005 Paris • E-mail : chiron@wanadoo.fr

Gérard Desmaretz

Cyber espionnage

Ou comment tout le monde épie tout le monde !

Chiron
ÉDITEUR

Pour joindre l'auteur
PBDA@cegetel.net.

SOMMAIRE

INTRODUCTION

Depuis la Seconde Guerre mondiale, sous la poussée de la technologie et du commerce, une nouvelle génération d'espions est apparue. L'acquisition, le vol et le détournement d'informations, la désinformation sont ses armes. Les progrès technologiques et le fait que des couches de plus en plus larges de la population peuvent accéder à une formation scientifique de bon niveau contribuent à rendre la menace d'autant plus inquiétante.

Le mariage de l'électronique avec l'informatique a donné naissance aux cyberespions. Les compétiteurs sont plus nombreux que jamais, et l'interception des communications constituant l'ossature de toute nation développée représente un véritable talon d'Achille. Si un certain nombre de pays a accès aux télécommunications, un État se détache du lot en étant vraiment capable d'exploiter l'évolution technologique. Même si les autres nations, parmi les plus développées, peuvent bénéficier de quelques retombées, elles sont « à la remorque ». Les conséquences de l'espionnage technique sont multiples. Elles revêtent surtout plusieurs aspects qui touchent à la politique, à l'économie et au militaire, avec aussi des répercussions sur la vie privée des citoyens.

Quelqu'un qui vole un ordinateur pour le revendre causera un dommage, certes, mais d'ordre mineur. En revanche, si cet ordinateur contient des informations sensibles et est revendu à un concurrent, le préjudice pourra être catastrophique. Pire encore, si le portable n'est pas volé, mais voit son contenu copié (une mésaventure susceptible de se produire à certains postes douaniers d'aéroport). Dès lors, rien n'indiquera à son possesseur que la confidentialité des informations en question a été compromise.

Avec les réseaux matériels, comme les réseaux filaires ou, immatériels, telles les ondes radioélectriques, le renforcement de la sécurité par des serrures, des alarmes, des rondes de maîtres-chiens se révèle d'une faible utilité. Quasiment tout le monde peut intercepter les flux d'informations à distance. C'est ainsi qu'en 1994, la firme Boeing aurait réussi, par des écoutes clandestines, à obtenir un contrat avec l'Arabie équivalant à un marché de 6 milliards d'euros, ce au détriment d'Airbus Industrie. La société Thomson aurait également connu, la même année, des déboires analogues. Les pertes liées à l'espionnage dit « industriel » atteindraient, pour la France et sur un an, près de 30 milliards d'euros !

Si l'espionnage repose principalement sur le savoir-faire et le savoir-être des individus, cette activité ne tarde pas à s'appuyer sur le renseignement technique (*techint*) ou le cyberespionnage. Le cyberespionnage est une pratique high-tech alliant les communications et l'informatique, des disciplines toutes deux issues de l'électronique.

Ce nouvel arsenal technique est venu quelque peu modifier l'activité de l'information et du renseignement. Nous sommes en présence d'une arme insidieuse qui « joue » sur tous les « tableaux ». Elle vise à convertir la technologie en instrument économique et en moyen de contrôle de la vie privée. Comme le rappelle Wayne Madsen, défenseur de la protection des données électroniques : « Si nous ne prenons pas garde, nous pourrions bientôt vivre dans la société décrite par George Orwell dans son roman *1984* ».

Le public n'entend guère parler des succès liés à l'espionnage high-tech ou au cyberespionnage, hormis quelques cas de piratage. Ceux-ci font pourtant de plus en plus de victimes, non seulement entre concurrents, mais également entre États qui n'hésitent pas à piller les informations en transit par tous ces réseaux maillant notre planète et dont il reste possible, voire enfantin, pour un État de s'accaparer le contenu.

En mars 1994, Richard Pryce, un adolescent de 16 ans, pénètre dans le site informatique du Centre de recherche de l'armée américaine. Il n'y dérobe pas n'importe quelles informations, mais les codes secrets authentifiant les ordres envoyés aux pilotes. Ce jeune homme semble avoir agi au profit d'un tiers se faisant appeler « Kugi », avec lequel il correspondait *via* le réseau Internet.

Comment cet adolescent a-t-il procédé ? En commençant, de chez lui, par détourner un autocommutateur de British Telecom, ce qui lui permettait de renvoyer l'appel vers une autre compagnie européenne de téléphonie, avant de le réorienter vers l'Amérique du Sud pour, finalement, aboutir aux États-Unis où Pryce disposait de deux abonnements Internet, réglés aux fournisseurs avec une fausse carte de crédit dont les numéros avaient été générés par un logiciel disponible sur Internet ! Cet internaute avait dissimulé sur le réseau un *sniffer* (renifleur), grâce auquel il intercepta les mots de passe des chercheurs. Il ne lui resta alors plus qu'à se faire passer pour l'un de ces chercheurs afin d'accéder au système informatique, sur lequel il installa sept autres *sniffers*. Quelques jours plus tard, cette tête de pont lui donna accès à l'ensemble du réseau. Il était en mesure de lire le courrier des chercheurs, de copier les notes de recherche, etc. Quand les informations étaient trop volumineuses pour être rapatriées, il dissimulait ces dernières dans le serveur lui-même, où il pouvait les consulter plus tard et à distance. De cette plate-forme informatique, il ne tarda pas à gagner d'autres sites encore plus sensibles : NASA, OTAN, etc. On ignore toujours qui se cache derrière Kugi, ainsi que la destination des informations dérobées.

Cet exemple bien réel ne doit pas laisser penser que seules les multinationales courent des risques. Les petites entreprises qui opèrent, directement ou indirectement, dans des secteurs de pointe peuvent un jour être la cible d'un service de renseignement étranger ou d'un concurrent peu scrupuleux.

Mais il y a pire, encore. En 1992, le réseau informatique a permis un assassinat à distance ! Craignant de donner des idées à d'autres individus peu recommandables ou influençables, la police a gardé cet épisode sous silence. Un informaticien s'était connecté sur le réseau Ethernet pour en dérégler le système, en y introduisant une fausse prescription. La personne visée n'était pas n'importe quel malade. Il s'agissait de sa femme. Le premier cybercrime fut ainsi commis. On comprend pourquoi peu d'informations ont filtré sur cette affaire.

Jusqu'à ces dernières années, seuls les États et les armées avaient jugé indispensable de se préoccuper de la sécurité de leurs communications (COMSEC). Mais la « guerre » économique devenant de plus en plus rude, le renseignement ouvert intéressant les sociétés s'avère de moins en moins accessible. Voilà, entre autres, pourquoi certains États disposant de puissants moyens technologiques « volent » au secours de leurs grandes entreprises pour leur permettre de s'accaparer les marchés les plus « juteux ».

Dans le captage d'informations à distance, la victime ignore tout de la mésaventure qui se trame à son insu. Les conséquences n'en sont que plus dommageables. L'acte répréhensible une fois découvert – encore faut-il qu'il le soit –, il est bien souvent trop tard pour réagir utilement. La Defense Information Systems Agency (DISA, Agence américaine des systèmes d'information de l'armée) a, sur une période de trois ans, procédé à 1 800 tests intrusifs, ce en utilisant des logiciels grand public disponibles gratuitement sur Internet. Le résultat est éloquent : 88 % de réussite, et dans 96 % des cas, les intrusions n'ont pas été repérées. Seulement 4 % des cas ont été rapportés !

En 2000, un audit a attribué au gouvernement américain la (mauvaise) note « D » pour sa sécurité informatique, le mettant en garde contre les menaces grandissantes et les dangers encourus pour les données fédérales sensibles. Il est vrai que toute circulation d'une information quelconque s'accompagne d'un risque d'intrusion ou de compromission de l'information.

Contrairement à ce que l'on pourrait penser, la protection ne passe pas uniquement par l'acquisition d'un matériel coûteux ou par ces soi-disant experts du debugging (opération de détection et de « nettoyage » des locaux), dont certains se révèlent incapables de comprendre les principes régissant le fonctionnement du matériel d'interception et le détournement de l'information. La première barrière sécuritaire commence par la prise en compte des dangers à leur niveau technique. Ces connaissances permettront de réduire les risques ou d'en être une victime toute désignée, voire consentante par négligence.

Restons pragmatiques. Si, contre les balles, il existe des gilets pare-balles, dans notre domaine les choses ne sont guère aussi simples ou triviales. Il faut se garder de toute pensée « magique ». Certains dispositifs, comme les micros espions actifs ou inertes (je ne dis pas passifs), peuvent être décelés par des analyseurs de spectre, des détecteurs de jonctions, etc., mais pas d'autres. Surtout quand un électronicien chevronné dont c'est la partie s'en est occupé. La réflexion vaut également pour les écoutes téléphoniques. Si les « bidouillages » sont facilement décelables, certaines écoutes restent bel et bien indécelables par un appareil de mesure ou d'analyse, quel qu'il soit, même un réflectomètre dernier cri !

Certaines sociétés de services proposant une soi-disant détection d'écoutes clandestines ne font rien d'autre que jeter de la poudre de perlimpinpin et, plus dangereux encore, leur « rapport » déclarant que les lieux sont « *safe* » suscite un faux sentiment de sécurité qui risque de se solder par une confiance catastrophique. Entre le cyberespionnage et l'espionnage humain, il faut être réaliste : rares sont les informations qui peuvent rester vraiment secrètes.

La première mesure de sécurité, à laquelle chacun doit participer par l'adoption d'un comportement responsable, consiste en une prise de conscience avertie et collective des risques de cette nature. Une vision globale des supports d'information et des procédés à la base des communications requiert de posséder des connaissances techniques élémentaires et de maîtriser les principes généraux à l'origine de leur fonctionnement.

L'impact sur la vie privée

« En France, entre 1981 et 1986, et même au-delà, dans l'illégalité la plus flagrante, plus de 50 000 personnes ont été écoutées, espionnées, enregistrées et fichées par une police politique qui travaillait secrètement à l'intérieur même du palais de l'Élysée. Ces écoutes, ordonnées et couvertes par le chef de l'État, violèrent toutes les dispositions constitutionnelles destinées à protéger les libertés individuelles. »

Paul Barril, *Guerres secrètes à l'Élysée*,
éditions Albin Michel

CHAPITRE I

LES GRANDES OREILLES

Dans le cadre de la lutte antiterroriste, le *New York Times* révéla en juin 2006 que les autorités américaines surveillaient les transactions financières, même celles des particuliers. Le gouvernement aurait conclu un accord secret avec le conseil d'administration de la firme Swift (Society for Worldwide Interbank Financial Telecommunication), basée en Belgique. Cette entreprise joue le rôle d'intermédiaire pour 7 800 banques réparties dans 200 pays et traite chaque jour plus de 12 millions de transactions financières pour un montant de 6 trillions (10^{12}) de dollars. La société Swift est supervisée depuis 1998 par les banques centrales du G10 (Allemagne, Angleterre, Canada, États-Unis, France, Japon, Italie, Pays-Bas, Suède, Suisse). La ministre belge de la Justice, Laurette Onkelinx, a saisi le Service du renseignement belge et chargé la Cellule de traitement des informations financières de diligenter une enquête pour s'assurer que toutes les opérations (plusieurs dizaines de milliers de recherches ont été effectuées sans le moindre mandat) ont été accomplies dans le respect des règlements du droit belge et communautaire. L'Europe est-elle victime d'un nouvel avatar de ce qu'il est convenu d'appeler le « réseau Échelon » ?

Au début du nouveau millénaire, la presse écrite et les médias télévisuels se sont largement fait l'écho des inquiétudes du Parlement européen quant à la participation des Britanniques au réseau d'écoute interplanétaire connu sous le nom d'Échelon. Si la Library of Congress (Bibliothèque du

Congrès américain) compte plus de 600 livres sur la CIA (Central Intelligence Agency, Agence centrale américaine de renseignements), elle en possède moins d'une douzaine sur la NSA (National Security Agency, Agence américaine de la sécurité nationale). Les informations sur Échelon semblent rares. Il s'agit pourtant bien plus que d'un système d'interception des communications satellitaires (COMSAT) élaboré par les États-Unis, le Canada, le Royaume-Uni, la Nouvelle-Zélande et l'Australie, et impliquant (ou ayant impliqué) aussi fortement les anciens dominions et certains pays membre de l'O.T.A.N. (Organisation du traité de l'Atlantique Nord). Le réseau Échelon épie en permanence tout le spectre électromagnétique allant des *extra low frequencies* (bande utilisée par les sous-marins nucléaires pour communiquer avec leur base) jusqu'aux *extra high frequencies*, dont se servent les satellites et les missiles.

Le gouvernement américain s'est intéressé très tôt à l'interception des communications puisque cette pratique a débuté sous le cabinet de Yardley pour s'étendre, dans la continuité, à l'interception des communications radioélectriques. Le réseau Échelon, qui regroupe les pays à majorité *White Anglo-Saxon Protestant* (WASP), remonte au 17 mai 1943, date à laquelle a été scellé en grand secret l'accord BRUSA (Britain-United States of America). Cet accord prévoyait le plein échange du renseignement par interception des transmissions (SIGINT, Signal Intelligence).

Dès cette période, l'United States Army Security Agency (USASA) travailla avec le Government Communications Headquarters (GCHQ, service de renseignement électronique du gouvernement britannique) au sein du Centralised COMINT Communications Center (CCCC) pour intercepter, analyser et exploiter le renseignement. Le Canada et l'Australie furent à leur tour rapidement intégrés dans cette structure.

Après la Seconde Guerre mondiale, en 1947, les protagonistes s'emploieront à élargir leur collaboration et à standardiser les techniques d'interception, notamment les codes, la terminologie et les procédures de sécurité. Cela donnera naissance à un nouvel accord baptisé UKUSA :

United Kingdom-United States of America. L'United Kingdom faisant référence aux pays suivants : le Canada et son CSE (Communications Security Establishment, Centre de la sécurité des télécommunications) ; la Nouvelle-Zélande, avec le GCSB (Government Communications Security Bureau, service de renseignement néo-zélandais) ; et l'Australie, avec le DSD (Defense Signals Directorate, service d'écoutes australien). Sans oublier la Norvège qui, en raison de sa position géostratégique, n'allait pas tarder à être intégrée, créant le NORCANUKUS.

La NSA fera son apparition en 1950, à l'initiative du président américain Harry Truman qui, dans un mémorandum daté du 24 octobre 1952, spécifia que la NSA était couverte par la classification *Top secret*. De nos jours, les sources d'origine SIGINT (pour Signal Intelligence) sont classifiées *Top secret* UMBRA, ce qui correspond à l'un des plus hauts niveaux d'habilitation permettant l'accès à ces informations sensibles qui font l'objet d'une compartimentation horizontale et verticale (cloisonnement). La raison d'être, à l'époque, de ce service consistait à assurer des fonctions techniques hautement spécialisées de renseignement et, notamment, à intercepter les communications d'une cinquantaine de pays (aujourd'hui, 120 pays seraient concernés). En fait, la NSA a pris la relève de l'Armed Forces Security Agency (AFSA) née durant la Seconde Guerre mondiale, et dont la NSA a d'ailleurs récupéré les locaux, non sans y procéder à quelques aménagements.

Au fil des années, la NSA s'est vu attribuer des tâches d'une importance extrême. Son pouvoir s'est très vite mesuré à l'aune de la planète, tant les entreprises militaro-industrielles dépendaient des informations détenues par cette agence.

La NSA entretient une interpénétration avec quasiment tout ce que les États-Unis comptent d'agences : Defense Advanced Research Projects Agency – Defense Nuclear Agency – Defense Communication Agency – National Communications System – Defense Intelligence Agency – Defense Supply Agency. Quasiment toutes les agences et tous les services relevant du Department of Defense (DoD, département de la Défense américain), qui contrôle le Pentagone, sont en relation avec la NSA. L'année 1972 verra naître le Central Security Service (CSS, Service central de sécurité) et permettra à la NSA d'accroître ses capacités dans le décryptage des codes étrangers.

Les communications constituent l'épine dorsale de tous les pays développés, et peu importe la voie empruntée, en l'occurrence le réseau téléphonique capable de véhiculer des communications transitant par les relais hertziens, les satellites, les ondes radio électromagnétiques qui servent de supports immatériels aux télécopies, aux courriers électroniques, aux transmissions et radiomessageries. C'est ce que les Américains appellent le SPINTCOM (Special Intelligence Communications), dont relève le CRITICOM (Critical Intelligence Communications Network) de la Maison Blanche, classifié *critic*. Lorsque le président des États-Unis est en déplacement à l'étranger, ses communications ne transitent pas *via* le secrétariat d'État de la Maison Blanche, mais par des réseaux utilisant le matériel et les procédures COMSEC (Communication Security) mises au point par la NSA.

Combien de compagnies aériennes ayant décentralisé leurs activités de traitement informatique savent qu'elles sont « espionnées » par la NSA (entre autres agences !), qui peut connaître à tout instant les réservations faites, les *stopovers* (escales) et la destination finale d'un individu. Si la personne retient l'attention d'un service demandeur quelconque, un comité d'accueil sera en mesure de la surveiller durant son déplacement à l'étranger. La NSA peut aussi épier les déplacements d'un homme politique, d'un homme d'affaires, d'un grand de ce monde, et ce où qu'il soit, pour peu qu'il porte le mouchard électronique qu'est devenu le téléphone portable. En effet, celui-ci annonce en permanence sa localisation pour demeurer en contact avec le réseau. Cette technique a d'ailleurs été mise à contribution pour localiser et, ensuite, abattre un chef tchétchène. Pour lutter contre le cartel de Medellín, la NSA écoutait, en simultané et en direct, pas moins de 600 fréquences de téléphones cellulaires, de quoi faire pâlir d'envie notre police. Mais il existe un autre volet, rarement mentionné : la possibilité de s'introduire sur un réseau et de s'y faire passer pour ce que l'on n'est pas et, ainsi, de s'y livrer à de l'« intox ». À partir de ces exemples aux applications civiles, on perçoit l'enjeu de ce qu'il est convenu d'appeler la guerre électronique ou de l'information (*infowar*).

Août 2000 vit disparaître les services téléphoniques satellitaires Iridium, la société Motorola n'étant jamais parvenue à atteindre l'objectif fixé à 700 000 abonnés, chiffre nécessaire pour concurrencer le GSM (Global System for Mobile Communications). À la perte des 5 milliards de dollars d'investissement pour la fabrication et la mise sur orbite des 66 satellites et des 22 en réserve, Motorola allait devoir ajouter quelques dizaines de millions de dollars pour la destruction des satellites encombrant inutilement l'espace. Une solution fut trouvée. Le réseau satellitaire serait repris par le DoD américain, désireux d'accroître ses capacités de trafic entre ses unités.

Avec le protocole de rachat intervenu en janvier 2000 entre la division Hughes (filiale de General Motors), fabricant numéro un de satellites de communications, et la firme Boeing, premier groupe aérospatial et de défense américain, ces compagnies ne tarderont pas à détenir à elles seules 40 % du marché spatial mondial. Voilà un déséquilibre qui a de quoi inquiéter le Centre d'étude et de prospective stratégique, mais, surtout, les industriels européens, et plus particulièrement le projet Astrium né de la fusion de Matra et Marconi Space (britannique), ainsi que l'Aérospatiale et l'allemand Dasa, en cours de restructuration. Ajoutons au tableau que le budget militaire du Pentagone consacre près de 15 % à l'espace, contre 3 % pour l'Europe.

Les ondes radioélectriques, liens immatériels, ignorent les frontières, et leur interception reste des plus simples. Il suffit d'un récepteur « calé » sur la bonne fréquence et adapté au type de modulation (FSK, AMTOR, PSK, AM, FM, SSB, DSB, ASK, MSK, etc.) et au protocole pour prendre connaissance du contenu. Rien de bien sorcier. Cela s'apparente au journaliste qui écoute la fréquence de police secours (vers 460 MHz) pour être averti de tout événement susceptible d'intéresser la rédaction. Saviez-vous que des cybernautes captent les conversations téléphoniques des téléphones portables pour, ensuite, les diffuser en direct sur Internet, et que n'importe qui peut acheter pour la somme de 300 euros, sur le Web, un récepteur dédié à l'interception des GSM ? La différence avec la NSA serait son aptitude à intercepter 2 milliards de communications par jour, et non 2 millions comme un journaliste l'a écrit, confondant billion (10^9) avec million ! Un chiffre, en l'état actuel de la technologie, à considérer avec précaution. Il correspondrait davantage à la capacité d'acheminement du trafic, plutôt qu'à l'interception, et encore moins à son exploitation.

Le Special Collection Service (SCS) appartient à cette mosaïque très secrète du renseignement électronique. Il représente le dessus du panier de ce que les États-Unis comptent d'experts en ELINT (Electronic Intelligence) provenant de la NSA (appuyée par la CIA). Il a en charge l'interception du renseignement, mais en opérant à l'étranger dans les ambassades ou certains appartements discrets et particulièrement bien situés pour accomplir sa mission dans des conditions optimales. Saviez-vous que la NSA dispose de plus de 4 000 stations d'interception ? De 50 000 employés et de presque 500 000 correspondants répartis sur l'ensemble du globe ? Avec SORM, les Russes possèdent eux aussi, à hauteur de leurs moyens, un équivalent d'Échelon.

Le gros problème des interceptions, qui consiste à séparer le bon grain de l'ivraie, a trouvé une réponse avec l'apparition d'ordinateurs de plus en plus performants. Le calculateur 2008 Baker de la société Cray Inc. dépassera le pétaflops, soit un million de milliards d'opérations à virgule flottante par seconde. Il sera trois fois plus puissant que Blue Gene construit par IBM.

Parmi les principales applications des écoutes, citons :
- La localisation.
- La possibilité d'identifier le numéro de l'appelant et de l'appelé.
- La reconnaissance vocale des locuteurs, pour s'assurer que leur poste n'est pas utilisé à leur insu, ni leur voix imitée.
- La traduction automatique.

- La reconnaissance de mots-clés (digitaux) programmés dans le dictionnaire Oratory.
- L'analyse d'un document écrit, intercepté par le programme N-gram.
- L'exploitation des renseignements obtenus, par comparaison avec ceux figurant dans les bases de données à l'aide du logiciel VERITY. Dans cette dernière application, les mots sensibles activent le dispositif d'écoute, qui renvoie la communication directement vers le service demandeur !

En ce qui concerne le GCHQ (partenaire britannique de la NSA), il convient de savoir que cet organisme est un rouage du Joint Intelligence Committee (JIC, organe de coordination du Renseignement britannique), dont fait partie l'Overseas Economic Intelligence Committee Orientation (OEICO), responsable de la diffusion du renseignement économique aux industries privées britanniques. Il existe un autre domaine, rarement mentionné, dans lequel le GCHQ s'est montré particulièrement actif : il s'agit de son engagement à l'égard des catholiques irlandais (la religion marque profondément l'approche du renseignement, et la communauté protestante a très tôt joué un rôle dans son histoire). Le GCHQ a réussi, à plusieurs reprises, à capter les essais de signaux destinés à télécommander des engins explosifs, et n'a pas hésité, semble-t-il, à les émettre afin de provoquer le déclenchement prématuré des bombes. Là réside l'explication de certaines explosions « inexpliquées » au sein d'un groupe de personnes. Cette pratique n'est d'ailleurs pas l'apanage des Britanniques. Maintenant, quand vous entendrez une information du genre : « Un poseur de bombe a sauté avec son engin », posez-vous la question de savoir si l'engin était vraiment instable ou bien si l'explosion n'a pas été « aidée ».

Ce réseau tentaculaire ne craint pas de s'immiscer dans la vie privée de ses citoyens. Les Canadiens, *via* le CSE, n'hésitent pas à profiter de leurs postes d'écoutes pour intercepter les communications des sympathisants, ou supposés tels, du Front de libération du Québec. L'Australie a donné son accord à l'ASIO (Australian Security Intelligence Organisation, Agence nationale de Sécurité australienne) pour recourir aux méthodes du piratage informatique à l'encontre des serveurs privés !

L'interception des signaux SIGINT relevant de l'ELINT est rendue possible par des centaines de stations terrestres, des bâtiments de surface et submersibles, des aéronefs avec ou sans pilote, sans oublier les satellites Magnum – Chalet – Vortex suspendus au-dessus de nos têtes. À titre informatif, un satellite Intelsat est capable de gérer en simultané plus de 100 000 communications. Si vous multipliez ce chiffre par le nombre de satellites en orbite, vous aurez une petite idée du potentiel d'interception des États-Unis. Quand la France parle d'envoyer un satellite chargé de la même mission, on s'aperçoit immédiatement de la disparité logistique. Est-ce en raison de cette dépendance technologique qu'un parlementaire britannique a déclaré, en 1999 : « La Grande-Bretagne ferait mieux d'être le 52e État des États-Unis, que membre de la Communauté européenne » ?

Bien que la NSA comprenne une vingtaine de services, il convient de mentionner tout particulièrement ses deux services phares qui, en dépit des réorganisations liées aux fuites, restent très instructifs. Le service « Prod » (pour Production) intercepte et analyse tous les signaux radioélectriques émis, et pas seulement les communications, comme on a trop tendance à le penser. Il œuvre également dans le domaine de la guerre électronique et s'avère tout aussi apte à brouiller n'importe quel signal en provenance de n'importe quelle source.

L'autre service clef de la NSA est la section RADE (pour Research and Development), rebaptisée Division d'interception et rapidement renforcée par de puissants moyens informatiques. Le directeur de la NSA est par ailleurs le chef du Central Security Service, organisme placé sous le contrôle du département de la Défense. C'est ce service qui émit l'idée, en 1960, de répandre dans l'atmosphère plusieurs tonnes de sel de baryum pour servir de réflecteur aux micro-ondes.

Ce service étudie la fiabilité des procédés cryptographiques (codage de l'information), cryptophoniques (codage de la voix), ainsi que les modulations dites « exotiques », capables de mieux résister au brouillage, à l'interception, et de s'opposer à la localisation des émetteurs. Parmi ces techniques, citons :

- L'étalement de spectre (la communication occupe une bande beaucoup plus large).
- La compression du message passé en un temps extrêmement court, pour éviter son interception et la localisation de son émetteur.
- Le saut de fréquence : le signal est découpé en quelques millisecondes, et chaque échantillonnage est émis sur une fréquence différente. Pour l'intercepter, il faudrait avoir une dizaine de récepteurs, chacun calé sur une fréquence précise. Ce procédé de communication à destination d'un satellite est souvent utilisé depuis les années soixante-dix par les agents clandestins. On le retrouve également dans le procédé Bluetooth de nos PC.

L'opération de décodage a lieu, selon sa nature, en ligne (en temps réel) ou hors ligne (en différé). Le décodage d'informations de nature économique peut s'accommoder d'un délai beaucoup plus long que celui requis pour le renseignement au combat d'un bataillon, et ce sans que cela pose véritablement un problème opérationnel.

La faible représentativité des autres nations dans ce domaine, et ce malgré une quarantaine de traités et d'alliances de défense avec les États-Unis dans le cadre de l'OTAN, du pacte de Manille ou du traité de Rio, ne peut que soulever des questions géostratégiques, dont il convient d'apprécier les enjeux par mesure de précaution élémentaire. L'interception des communications joue un rôle important dans la captation des marchés et les négociations qui en découlent, d'où une répercussion sur les emplois, l'économie locale et nationale.

L'INQUIÉTUDE DE L'UNION EUROPÉENNE SEMBLE BIEN TARDIVE

Il y a quelques années, Échelon avait déjà fait l'objet d'un rapport de la Commission d'évaluation des choix technologiques et scientifiques de la Direction générale de la recherche du Parlement européen. Mais le rideau s'entrouvrit vraiment sur la NSA en 1954, avec l'arrestation du cryptanalyste J.S. Pertersen, accusé d'avoir livré des documents aux services hollandais. On allait avoir confirmation de ce que l'on subodorait en juin 1960, avec la défection des deux mathématiciens Vernon Mitchell et William Martin, qui se réfugieront à l'Est et tenteront pendant quatre-vingt-dix minutes de « justifier » leur fuite à la télévision soviétique en révélant la véritable nature de la NSA.

Un numéro du *Daily Telegraph* de 1963 allait lui aussi lever un coin du voile. La rivalité entre le GCHQ britannique et la Composite Signals Organisation (les deux organismes, ainsi que les services secrets MI5, MI6, les Affaires étrangères et le Renseignement militaire étant eux-mêmes coordonnés par le Joint Intelligence Committee) poussera la CSO, mécontente que le GCHQ ait réussi à chapeauter les forces armées de terre, de l'air et de mer, à distiller quelques fuites. La même année, un transfuge de la NSA s'épanchera dans les *Izvestia*. Il n'était alors plus possible d'ignorer les agissements de la NSA et le traité UKUSA.

En 1966, la NSA tenta d'opposer son veto au livre *Code Breaker* de David Kahn. En 1968, ce fut une affaire de pots de vin entre les fabricants de matériel d'interception et le GCHQ qui attira l'attention des services de renseignement étrangers. À cette époque, il suffisait de connaître la quantité de matériel d'interception de communications vendu pour avoir une idée de l'importance de cette activité.
En 1970, une partie de l'Australie fut balayée par un ouragan, et les sauveteurs détectèrent, sur une île perdue, des signaux lancés par des hommes en détresse. Ces derniers faisaient partie d'une base jusqu'alors demeurée secrète. L'épisode sera rapporté par un journal australien.

La même année, une commission d'enquête américaine révélera que la NSA, surnommée par les Américains « Never Say Anything » (Ne dites jamais rien), n'hésitait pas à recourir à des procédés relevant du renseignement clandestin pour obtenir ses informations. Le cambriolage de locaux pour s'approprier les codes et le détournement de courrier étaient monnaie courante. Ce sont ces mêmes équipes qui visiteront les maisons des membres appartenant au comité de défense de Duncam Campbell, le premier à dévoiler au grand jour le réseau Échelon.

Les auteurs de l'ouvrage intitulé *Le culte du renseignement*, paru en 1974, font mention des interceptions de la NSA. En 1975, les médias américains rapportent les propos du Church Committee au sujet des opérations Minaret et Shamrock qui, déjà, portaient atteinte à la vie privée des citoyens de l'oncle Sam.

L'année suivante, soit en 1976, William Colby témoigne devant une nouvelle commission d'enquête du Sénat américain. Il déclare que la NSA surveille toutes les communications commerciales et qu'elle se livre à des intrusions clandestines.

Début 1977, Duncam Campbell et Gustin Aubrey sont arrêtés par la Special Branch, le bras du MI5 (services secrets britanniques) qui ne peut légalement procéder à une arrestation. Ils seront maintenus au secret pendant plusieurs jours, sous prétexte d'avoir enfreint l'Official Secrets Act interdisant à tout citoyen de recevoir des informations relatives à la sécurité nationale. Les faits concernant le réseau Échelon, l'affaire est jugée de la plus haute gravité, aussi feront-ils l'objet d'une autre inculpation qui, à l'époque, était uniquement appliquée aux espions des pays de l'Est et aux Chinois. Pour les deux hommes, tout avait commencé quelques mois plus tôt par un article paru dans *Time Out* sous le titre « The Eavesdroppers » (Écoutes clandestines). L'article, apparemment banal pour des yeux non avertis, était en fait très bien documenté et ne manquera pas de surprendre les autorités. Certes, il livrait quelques adresses de stations d'écoutes, mais il était encore plus explicite sur le matériel, notamment les antennes utilisées.

Quand bien même tous ces éléments d'information n'auraient pas été pris en compte, comment expliquer que les services de renseignement étrangers n'aient pas eu leur attention attirée par un site de 200 000 m^2, accueillant 20 000 employés et situé, qui plus est, à la périphérie de Washington ? Comment ne pas être intrigué par une zone défendue par une enceinte grillagée renforcée de rouleaux de barbelé Concertina, coupants comme des lames de rasoir, de lignes électrifiées et de panneaux interdisant toute prise de vue, le tout faisant l'objet de patrouilles armées entre la double enceinte ? Les indicateurs abondaient : antennes immenses, paraboles, pylônes supportant des antennes haute fréquence (HF), radôme, sans parler des travaux d'agrandissement successifs. Cerise sur le gâteau, jusque fin 2001, les plans de la NSA (et de la CIA) étaient disponibles sur le site Internet de la Federation of American Scientists (Fédération des scientifiques américains) !

Un homme politique a dit : « Les Français ont la mémoire courte. » Le gouvernement français a-t-il oublié qu'il a abrité la base Omega sur l'île de la Réunion ? Qu'il a, avec la Communauté européenne, signé en 1995 un accord (ILETS) avec les États-Unis, accord impliquant la NSA en ce qui concerne l'interception de tout type de communications et ratifié par le Parlement européen dans son rapport IC2000 ? Certes non, mais il préfère ne pas avoir à s'exprimer sur cette affaire.

L'Union européenne a adopté en 1998 le traité International User Requirements (IUR 1.0), pudiquement baptisé Enfopol. Ce subterfuge vise à occulter qu'il s'agit du « clone » du Communications Assistance for Law Enforcement Act (CALEA), un document rédigé par le FBI (Federal Bureau of Investigation) avec, en coulisse, la NSA. Tout comme son aîné américain, Enfopol prévoit l'interception des e-mails, télécopies, conversations téléphoniques, données télématiques par n'importe quel État membre de l'Union européenne. Là où le bât blesse, c'est que le traité (pas encore ratifié par les ministres respectifs des États européens au moment où j'écris ces lignes) prévoit que ces interceptions pourront se dérouler en dehors de toute commission rogatoire ! Et pour ne pas pouvoir échapper à ces interceptions, les compagnies européennes de téléphonie ne devront proposer à leurs usagers que du matériel incapable de s'y opposer. La Suisse a déjà été la victime de ce volet (Natel D). Les États-Unis progressent pour faire accepter leur point de vue, soit la nécessité de lutter contre la criminalité et le terrorisme, mais il s'agit pour eux tout autant de lutter contre leurs ennemis que de se livrer au renseignement à l'encontre de leurs partenaires.

Winslow Peck, qui avait été en poste en Turquie dans les années soixante, communiqua à son tour au magazine *Time Out* le document TEXTA. Celui-ci prouvait que les États-Unis espionnaient, sans vergogne ni le moindre scrupule, leurs cousins britanniques. Ils n'interceptaient rien d'autre que les communications commerciales de la Grande-Bretagne dans cette région du globe. Voilà ce qui arrive quand on sert à la fois deux maîtres. Toute la clique avait oublié un précepte fondamental en matière de renseignement : un secret ne se partage pas, ou alors ce n'est plus un secret.

Le 19 décembre 1984, le *Washington Post* annonça en première page que la navette Discovery allait mettre sur orbite un nouveau satellite (Magnum) d'interception des communications.

En 1987, Peter Wright publie *Spy Catcher*, un livre qui sera interdit en Grande-Bretagne et dans lequel il fait état, pour les années soixante, des interceptions du code diplomatique de l'ambassade française à Londres par le GCHQ.

Courant mars 1993, un hebdomadaire suisse romand avait déjà soulevé le lièvre. La confédération devait mettre en service un modèle de téléphone mobile crypté (Natel D), capable de couvrir toute l'Europe. Quand on connaît l'excellence du matériel de cryptage suisse, on comprend l'inquiétude des États-Unis. Il ne leur aurait plus été possible d'effectuer aussi facilement les 60 000 interceptions de communications quotidiennes auxquelles se livre la NSA sur le territoire helvétique. Et quand on sait ce que représente la place helvète sur la scène de la finance internationale, on saisit tout l'intérêt à maintenir la « ligne ouverte » aux grandes oreilles américaines. Leur vassal anglo-saxon, membre de la Communauté européenne, n'allait pas tarder à prendre le relais dans la « défense » des intérêts de la NSA et à faire pression sur la Commission européenne afin que ce projet ne puisse voir le jour. La Commission, bonne fille, parviendra à imposer aux Suisses un procédé de cryptage simplifié demeurant accessible à la NSA.

Cet épisode est peut-être à rapprocher du cas d'une société de cryptage suisse qui, en 1995, se vit mise en cause. Après avoir été « retournée » par un service américain (on parle de la NSA), elle aurait volontairement créé des failles de sécurité dans ses machines à coder (très réputées), permettant ainsi à la NSA d'accéder à des clés qu'elle était la seule à détenir ! Si on a parlé de cette société, il en est une autre, elle aussi basée en Suisse, qui emploie pour sa part d'anciens mathématiciens ayant accompli une grande partie de leur carrière au service de la NSA ! Quand on sait que ces deux sociétés suisses vendent leurs machines à crypter à nombre d'ambassades, consulats et à certaines entreprises, il y a de quoi, pour les acquéreurs, se poser des questions. Il est vrai que c'est ce genre de faille qui aurait permis de découvrir les assassins de Chapour Bakhtiard, après l'interception et le décryptage d'une communication entre une ambassade d'Iran et le ministère de l'Intérieur iranien, établissant ainsi la responsabilité de l'attentat du vol Pan Am 103.

Cette pratique consistant à vendre des machines de codage dont les États peuvent pénétrer l'algorithme n'est pas nouvelle. Une situation qui explique la raison pour laquelle les États ont longtemps résisté à une libéralisation des procédés de codage performants. Durant la Seconde Guerre mondiale, les Britanniques, qui avaient réussi à percer le code allemand de la machine Enigma, dissimulèrent leur fantastique résultat jusque dans les années soixante-dix. Et pour cause ! La guerre une fois terminée, les Britanniques récupérèrent plusieurs milliers de ces machines qui n'avaient plus aucun secret pour eux et s'empressèrent de les revendre à leurs anciennes colonies, qui en équipèrent leurs cabinets, pensant ainsi pouvoir bénéficier de la « fameuse » sécurité de la machine Enigma. Espérons que ces États n'ont pas jeté leurs « bécanes », car le 1er avril 2000, une machine Enigma a été dérobée dans les locaux de Bletchley Park, le berceau de la surveillance britannique, machine que le conservateur du musée a estimée à 213 000 euros.

Mais que cela ne nous empêche pas de balayer devant notre porte. France Télécom aurait signé un protocole de coopération sur le commerce électronique et la sécurité des réseaux avec Science Applications International Corp (SAIC), une société qui n'est rien moins qu'un partenaire privilégié de la NSA pour le réseau Échelon et qui semble bien être le faux nez de nombreux services américains de renseignement (DIA, FBI, CIA, etc.). John Deutch, l'ancien directeur de la CIA, n'est rien d'autre qu'un transfuge de cette société !

En mars 2000, les « Verts » du Parlement européen sont parvenus à récolter le nombre de voix nécessaires à la création d'une enquête parlementaire sur Échelon, dont la « déclassification », sous la pression des citoyens américains inquiets d'être épiés par Big Brother, était intervenue peu de temps auparavant. La Communauté européenne peut saisir le président du Comité de surveillance du renseignement (IOB, Intelligence Oversight Board) qui, après le président des États-Unis, reste l'organe chargé du contrôle de la régularité de la communauté du renseignement américain. Mais ce sera une pure perte de temps. Il lui sera en effet impossible de prouver que la NSA et ses alliés n'ont pas respecté la constitution américaine.

Par ailleurs, au cas où nos services de renseignement disposeraient de quelques informations à propos d'Échelon, il ne faut pas compter sur eux pour en faire état. Cela reviendrait à « griller » leurs sources. Dire quelque chose, c'est aussi, sauf à faire de la rétention volontaire, dévoiler ce que l'on ne sait pas. Une erreur dont se sont rendus coupables les services secrets helvétiques. En interceptant et en « fuitant » une télécopie diplomatique égyptienne affirmant l'existence des camps de prisonniers de la CIA en Europe de l'Est (Roumanie, Kosovo, Ukraine, Macédoine, Bulgarie), la station de Loèche-les-Bains a ainsi fait connaître aux Égyptiens que le

Service du renseignement était en mesure d'intercepter et décoder ses communications. Cette bourde n'est pas sans rappeler celle à propos de l'Iran. Un membre d'un service secret en poste à Berne s'était vanté que son pays décodait les messages iraniens. Résultat : Téhéran avait immédiatement changé tous ses systèmes de cryptage. Il fallut plusieurs années avant de pouvoir de nouveau déchiffrer ses communications.

À QUI PROFITE LA NSA ?

La NSA travaille, entre autres, au profit de l'Information Security Oversight Office (ISOO, Bureau de surveillance de la sécurité de l'information), créé en 1993 pour servir le National Industry Security Program, dont la finalité consiste à redistribuer les informations sensibles interceptées aux milliers d'entreprises et laboratoires américains. Comme disait Ford : « Ce qui est bon pour Ford est bon pour l'Amérique ».

Deux missions de la CIA sur trois relèveraient du renseignement économique, aussi ne faut-il pas s'étonner d'entendre un homme d'État américain déclarer : « Les agents américains ont désormais pour priorité de s'intéresser aux stratégies des autres nations et de déceler toutes les activités de nature à nuire aux intérêts commerciaux, technologiques et financiers des États-Unis. »

Pour renforcer davantage leur système tentaculaire d'écoutes, les Américains ont créé le réseau INTELINK (Intelligence Link), un rouage du Community On-Line Intelligence System (COINS). Ce réseau informatique, conçu à la suite de défaillances apparues lors la guerre du Golfe dans l'acheminement du renseignement, relève du Joint Worldwide Intelligence Communications System (JWICS), lui-même géré par la Defense Intelligence Agency (DIA, Agence de renseignement militaire), et relie entre eux tous les postes à l'étranger. De n'importe quelle région de la planète, il devient possible de bénéficier en temps réel du travail de 60 000 analystes et d'obtenir trois types de rapports : littéral, résumé, compilation.

Pour l'année 2005, le budget prévu de la NSA devrait atteindre la somme d'une dizaine de milliards de dollars. Quant au département de la Défense, il estime qu'il lui faudra recruter 95 000 spécialistes. Si, après cela, nos concitoyens en sont encore à considérer les Américains comme de grands enfants, c'est à désespérer !

Le ministère de la Défense américain a écrit, en décembre 2001, à chaque ministre de la Défense des pays européens afin de les inciter à renoncer au projet du satellite Galileo. Ce concurrent du GPS (Global Positioning System), jugé vital par l'Europe, est perçu par les États-Unis comme un danger. Ils craignent que le système de localisation puisse être utilisé par des terroristes ou des adversaires.

Nos partenaires-adversaires américains semblent avoir fait leur la phrase de Jeanne d'Arc, notre héroïne nationale qui, devant le siège d'Orléans, déclara : « Entrez hardiment, tout est vôtre. » Les États-Unis sont entrés dans une dynamique qu'ils ne peuvent même plus contrôler eux-mêmes, d'où l'écoute de leurs concitoyens, alors que la NSA n'a jamais reçu l'aval du Foreing Intelligence Surveillance Court (FISC, Tribunal de surveillance du renseignement étranger), ce qui lui vaut des plaintes des associations citoyennes. Mais le plus inquiétant réside sans doute dans la volonté des États-Unis à être le cerveau d'une cyberpolice internationale et transnationale.

À l'occasion du projet « Convention sur la cybercriminalité » et du sommet du G8 qui s'ensuivit, le Conseil de l'Europe a avancé la notion de téléperquisition (reprenant l'accord que le gouvernement australien avait déjà concédé à l'ASIO), soit le droit de farfouiller sans cadre légal dans les ordinateurs d'individus suspectés de cyberdélit. Là encore, les États-Unis n'ont pas attendu l'Europe pour se livrer à ce genre d'intrusions, comme l'a démontré l'enquête ouverte suite au virus I love you, virus qui est «tombé» à point nommé. Avec, maintenant, l'implication du FBI, de la Federal Trade Commission (FTC, autorité de la concurrence américaine), du National Infrastructure Protection Center (NIPC, Centre de protection de l'infrastructure nationale). À terme, l'Europe risque bien d'être emprisonnée dans une toile d'araignée, avec ses industries et ses centres de recherche pour premières victimes de l'*economic cyberwar*.

CHAPITRE II

BIG BROTHER ET LA VIE PRIVÉE

En juillet 1940, le Service national des statistiques est créé à l'instigation du troisième bureau sis au sein du ministère des Finances. Cet organisme dissimule, sous couvert d'un fichier démographique, un fichier comprenant le nom de tous les hommes en âge de porter les armes pour, le jour venu, être en mesure de reconstituer une armée nationale, la conscription étant interdite par l'occupant nazi.

Le prétexte des statistiques n'était guère nouveau. Déjà, en 1886, la troisième République avait avalisé la création du carnet « B ». Il s'agissait en fait d'un registre tenu par le ministère de la Guerre, sur lequel figuraient quelques milliers d'individus suspectés de nuire ou de pouvoir nuire à la République. Le carnet « B » ne disparaîtra qu'en 1940, et seulement lorsque les archives devront être brûlées pour ne pas tomber entre les mains des nazis qui s'approchent de Paris.

Voici venue, avec la fée électronique, l'ère du temps réel et, avec elle, la possibilité de nous suivre, de nous épier et de reconstituer notre « profil » individuel. Le portable, qui nous permet d'être joignables à tout moment, trahit nos déplacements, nos modes de vie, notre cercle relationnel par les numéros composés. Certains n'osent même plus l'éteindre, de crainte de manquer une affaire. Voilà de quoi faire plaisir aux curieux. La moindre sonnerie du téléphone incite son possesseur à décrocher immédiatement pour découvrir l'objet de l'appel, comme si sa vie en dépendait. Une mère de famille a même oublié son bébé de 5 mois dans une rue de Strasbourg après avoir reçu un appel, appel qu'elle a poursuivi jusque chez elle !

Avec un total de près de 82 millions de téléphones portables vendus en 2005, la téléphonie mobile est en passe de devenir un nouveau sujet de société. Une Américaine âgée de 24 ans s'est présentée à l'hôpital afin de retirer de son estomac le portable qu'elle avait ingéré. À la suite d'une dispute avec son petit ami, elle avait préféré avaler son portable de peur que celui-ci ne prenne connaissance de son contenu.

Afin de lutter contre le vol des portables, une société britannique propose un service original. Le téléphone cellulaire dérobé émet, lors des communications, un bruit strident qui cesse uniquement à épuisement de la batterie. Le voleur a beau changer la puce, rien n'y fait. Le téléphone reste bloqué, rendant toute réutilisation difficile. Autre « sale coup », pour les parents cette fois : il existe une sonnerie de portable que seul un adolescent peut entendre. Il est désormais possible, pour un jeune, de savoir qu'il a reçu un SMS sans que son professeur s'en rende compte. La fréquence (aiguë) de la sonnerie est si élevée que, normalement, seules les personnes de moins de 25 ans peuvent la percevoir. Une variante du système consiste à placer, à l'extérieur, des haut-parleurs émettant cette fréquence à grande puissance. Le son devient vite très désagréable, contraignant les jeunes à se déplacer plus loin.

Avec ses fameux cookies, Internet fait les délices des sociétés d'e-business qui auscultent l'internaute sous toutes les coutures. Il est vrai que la surveillance de tout courrier permet d'apprendre pas mal de choses sur notre vie privée. L'adresse de l'expéditeur indique qui nous écrit, où nous avons notre compte bancaire, nos abonnements (pôles d'intérêt), etc. Sans oublier, dans ce cyberflicage, « l'indic » qu'est devenue la carte bancaire. Indispensable pour effectuer n'importe quelle réservation (hôtel, voiture, etc.), elle « trace » en outre tous nos déplacements (précisant la date, l'heure, etc.), dépenses (train de vie), habitudes d'achats, ainsi que les lieux où nous nous rendons le plus souvent.

Nombre de voyageurs empruntant les trains de la SNCF ont souvent regretté de ne pas pouvoir choisir la personne assise à côté d'eux. Sur certains TGV, il est possible, à condition de prendre son billet sur Internet, de remplir une fiche définissant ses centres d'intérêt. Ces fiches sont consultables par les autres voyageurs, qui ont ainsi le moyen de sélectionner leur voisin au travers d'un autre site, sur lequel ils mentionneront un profil. Pour être en relation avec l'autre passager, il suffit de s'acquitter de 1,5 euro. Les annonces sont ensuite analysées et triées, et des espaces vacants sont réservés dans les wagons pour que les personnes concernées puissent s'asseoir côte à côte.

La société, toujours avide de découvrir de nouveaux marchés, propose sans cesse de nouveaux produits, incite à de nouveaux modèles et habitudes de consommation. Un logiciel est en passe de mettre fin aux lettres recommandées. Le document, certifié par une signature numérique, arrivera directement sur votre ordinateur. Ailleurs, on parle de votes électroniques (*e-voting*). Des chercheurs de Princeton ont démontré comment ces machines pouvaient être sabotées en remplaçant la carte mémoire par une autre, pourvue d'un code spécial, ou par un virus qui s'autodétruit, ne laissant aucune trace. La machine subit avec succès les contrôles et tests de fiabilité, tout en continuant à voler des votes. Voilà une technologie qui devrait faciliter le travail des fonctionnaires d'un pays méditerranéen qui devaient jusqu'à maintenant, dans le sous-sol d'un ministère, « tripatouiller » le logiciel acquis dans le sud-ouest de la France.

Les mouchards ne cessent de se multiplier, et gare à la moindre incartade. Même les ascenseurs sont équipés de « puces » électroniques. On peut connaître le nombre d'arrêts à votre étage et, partant, en déduire des fréquences de visites, sans oublier la clé électronique d'accès de l'immeuble qui moucharde la date et l'heure d'entrée du locataire ou colocataire. Imaginez que toutes vos relations sociales, liens, puissent être recoupés, référencés sur Internet et renvoyés les uns aux autres. C'est cette utopie orwellienne qu'est sur le point de proposer Myspace. Les publicitaires s'en réjouissent déjà et fondent sur le portail comme des vautours.

L'« artillerie » disponible est impressionnante. Vous visez une vignette code-barres numérisée à l'aide de votre téléphone portable, et une vidéo publicitaire, promotionnelle, extension d'un article, s'affiche sur son écran. N'importe quel support peut recevoir un « tag », carte de visite, article, affiche, etc., qui connecte ensuite l'utilisateur au site. Une société américaine, désireuse de mieux cibler ses annonces publicitaires, avait équipé un carrefour d'un appareil lui permettant de connaître la station radio écoutée par les automobilistes. Mais, plus inquiétant encore, il semble que chaque nouvelle arme s'accompagne bien souvent de l'apparition d'une nouvelle arme complémentaire, parade à l'origine d'une escalade sans fin. À ses débuts, la vidéo permettait de surveiller un site (détection), mais pas de procéder à une identification. Sont alors apparus les systèmes biométriques de reconnaissance et les logiciels de « reconstruction d'images ». Un logiciel de reconnaissance visuelle des émotions existe. Le sourire de la Joconde traduit à 83 % le bonheur, à 9 % le dédain, à 6 % la peur et à 2 % la colère. Voilà qui devrait, à terme, faire le bonheur des fabricants et vendeurs de passe-montagnes. À quand leur interdiction, ainsi que celle du port des gants ?

Internet est en passe de devenir une institution autogène à l'emballement exponentiel, illustrant en cela le phénomène cybernétique. Les données en sortie de machine sont réintroduites avec de nouvelles informations, formant une boucle qui ne cesse de s'élargir. En Grande-Bretagne, chaque déplacement à pied ou en automobile est repéré, contrôlé et enregistré. Toutes les plaques d'immatriculation sont comparées à une base de données centrale. Le logiciel de reconnaissance de plaque minéralogique (Automatic Number Plate Recognition) alerte immédiatement la police ou le MI5. Il devient ainsi possible de suivre l'itinéraire emprunté par un véhicule, de savoir si ce dernier a été volé, la vignette et l'assurance payées, et, enfin, si le titulaire de l'immatriculation fait l'objet d'un mandat de recherche. Vous pensez échapper aux caméras en portant un « collier » de diodes LED infrarouges (saturation lumineuse et usage prohibé sur la plaque d'immatriculation d'un véhicule), mais méfiez-vous également des radars de vitesse dissimulés dans des poubelles (Strasbourg, Lille, Toulon,

Le Havre). Si vous êtes enregistré dans la base de données SIS II (Schengen), il n'y a pour l'instant (2006) aucun moyen d'en être rayé ! Ce qui pose un problème en matière de protection des données.

La société de Mountain View spécialisée dans le domaine de l'analyse d'images, de la reconnaissance faciale, et qui détient une quinzaine de brevets sur la reconnaissance informatique de photographies, est en pourparlers avec Google, désireux d'améliorer son logiciel Picasa. Ce logiciel d'organisation de photos pourra identifier automatiquement les personnes et les lieux pris en photo. Des chercheurs de l'université de Pennsylvanie ont développé un logiciel de reconnaissance et de description automatique d'images. L'analyse suggère 15 mots-clés définissant l'image, afin de permettre son référencement automatique. Le domaine de la reconnaissance photographique apportera peut-être un plus au site **www.doesmyasslookfatinthesepants.com**. Après avoir envoyé la photo de votre postérieur à **howmyass@gmail.com**, les internautes vous feront part de leurs appréciations !

La question de la vie privée repose sur un paradoxe. Si tout le monde semble vouloir en bénéficier, certains n'hésitent pas à exposer leur existence personnelle aux oreilles alentour en dialoguant sur leur portable. Le respect de la vie privée n'a rien à voir avec le secret administratif. Il repose plutôt sur la part d'ombre que chacun d'entre nous veut cacher aux autres. Ses fréquentations, ses relations, son intimité, ses origines, sa situation financière, le paraître, les conflits familiaux, la naissance (accouchement sous « X »). Pour se préserver éventuellement de complications « inutiles ».

D'un autre côté les diaristes, rejoints par les blogeurs, étalent sans complexes leur vie privée sur le Net en y publiant leur journal intime. Si bon nombre de personnes se dévoilent à un inconnu rencontré sur le Net (ICQ cyberdrague), c'est qu'elles pensent ne jamais rencontrer ledit individu. En posant devant un Photomaton, les hôtes du café *Shine* de San Francisco figurent simultanément sur la Toile. Et que penser de ceux qui n'hésitent pas à exhiber leur anatomie, leurs petits travers et leurs ébats amoureux devant les caméras des émissions de télévision voyeuristes du type *Big Brother* ou *Survivor*, qui se vendent très bien et dont l'audience ne cesse de grimper ?

Le Net peut se révéler un véritable instrument d'invasion obscène de la sphère privée de l'individu. Comment justifier le site www.crime.com, qui permet d'assister en direct à la « vie » de l'univers carcéral en faisant défiler à l'écran l'arrivée de personnes menottées, subissant une fouille à corps, et leur passage au « piano » (prise d'empreintes), alors qu'il s'agit d'individus mis en examen (pas encore reconnus coupables), dont certains seront par la suite relaxés ? À quand la dictature de la transparence ?

Un couple de sexagénaires demeurant dans les Pyrénées-Orientales a été inculpé en 2002 pour atteinte à la vie privée, après la découverte de dix-sept caméras dissimulées dans un appartement occupé par leurs locataires ! Les caméras étaient cachées dans les W.-C., la salle de bains, la chambre, la cuisine. Des centaines de cassettes montrant le quotidien des occupants ont été saisies. Et il ne s'agit pas là d'un cas isolé. Début 2005, un jeune et nouveau gendarme avait installé des caméras chez ses amis, collègues, et même dans la douche de sa grand-mère ! Une société proposait, fin 2006, une caméra Web sans fils (2,4 GHz) à placer dans le pommeau de la douche, supervisée par ordinateur, pour seulement 200 euros.

Le ministère de la Sécurité américaine va bientôt pouvoir disposer d'un logiciel capable de déterminer les opinions, les sentiments, les convictions exprimés dans une déclaration, un texte, un article. Le logiciel Signa, utilisé dans les écoles françaises, recense 28 types d'actes jugés répréhensibles, commis dans les établissements scolaires. Cela va de l'insulte à l'agression et au suicide. Les élèves des collèges et lycées de Nuevo Laredo, au Mexique, doivent transporter leurs affaires scolaires dans un cartable transparent pour que le «pion» puisse en distinguer le contenu. L'oupravliaiouchtchi domon chargé, dans l'État soviétique, de surveiller les locataires n'a pas disparu. Avec la technologie et la circulation de l'information, sa tâche est même simplifiée. Le couple de « pipelets » qui sert d'« indic » existe toujours. La caméra que nous annonçait George Orwell dans son roman *1984* est bien là, à surveiller les parties communes, les allées et venues des habitants et celles de leurs visiteurs. Cette tendance au voyeurisme n'est jamais bien loin de la délation. À New York, les poussettes vont devoir être immatriculées. Les passants témoins d'un comportement douteux ou, au contraire, digne d'éloges, sont invités à le signaler sur le site **www.HowMyNanny.com**. Les parents en seront avisés par courriel. À Genève, un juge d'instruction a sollicité la population pour obtenir des informations sur les personnes soupçonnées d'avoir participé aux manifestations anti-G8. La police a, de son côté, publié sur son site (**www.police.ge.ch**) une quinzaine de photos de « casseurs » recherchés. Un étudiant de 27 ans, reconnu et inculpé, se trouvait en un autre lieu au moment des faits. L'homme, interpellé alors qu'il s'apprêtait à partir en vacances en Tunisie, a été incarcéré deux semaines avant que la justice ne s'aperçoive de la méprise. Le ministère bâlois a, quant à lui, lancé un appel à témoin d'un nouveau genre. Les personnes ayant photographié, filmé avec leur portable les débordements survenus lors d'un match sont invitées à les communiquer (par MMS) à la justice. L'anonymat leur est garanti.

Dans un autre registre, des acheteurs de steaks contaminés ont été retrouvés par les magasins Leclerc. Comment ? 80 % possédaient une carte de fidélité. Quinze autres pour cent l'ont été par l'intermédiaire de leur banque. Épisode à méditer : une femme qui avait offert une friandise à un enfant a été retrouvée grâce à l'emballage que l'enfant avait jeté dans une rivière ! Elle a dû s'acquitter d'une amende. Ce genre de traçabilité risque, avec la technologie Near Field Communication, d'être facilitée. Cette technique imaginée par Philips et Sony va permettre de payer ses achats, services avec son téléphone portable.

Ces quelques exemples nous prouvent, si besoin en était, que le respect de la vie privée est un droit, et non un bien qu'il convient de préserver d'un quelconque contrôle social conforté par les attentes de la société et le besoin de savoir de l'État. Mais pour bon nombre d'États, ce qu'il n'est pas indispensable de communiquer au public doit demeurer confidentiel, voire secret. Voilà une attitude qui encourage les rumeurs et qui ne manque pas d'entraîner la suspicion à l'égard dudit État. Une véritable démocratie se doit-elle de reposer sur le souci de vérité, des libertés, de l'égalité, ou sur l'État de droit ? Dans une démocratie, le secret ne devrait plus être la règle, mais l'exception, un principe qu'appliquent déjà les Suédois depuis 1776, non sans une certaine ambiguïté !

Psychologiquement, la simple pensée de pouvoir être l'objet d'une « curiosité » renvoie à une idée de coercition. Le citoyen semble en liberté surveillée, il remplit des questionnaires pour postuler à un emploi, participer à un jeu concours, pour ouvrir des droits familiaux. Il ne cesse de satisfaire la curiosité d'un État, de sociétés de nature inquisitoriale. Il sème des traces et est devenu un gibier que l'on suit à la trace.

Gare à celui ou celle qui égare son téléphone cellulaire sans en avoir codé l'accès. Le portable est un accessoire encore plus privé qu'un agenda (en Belgique, 45 % des utilisateurs emportent avec eux leur portable aux toilettes). Il contient les derniers numéros composés, une liste de numéros avec les prénoms. Outre sa fonction de symbole social, il est devenu un confident des plus intimes. Quand le téléphone sonne dans un bureau, n'importe quelle personne présente finit par décrocher, mais s'il s'agit du cellulaire d'un collègue, nul n'y touchera.

LA PROTECTION DE LA VIE PRIVÉE

À l'occasion d'une sortie en boîte de nuit, Paris Hilton sembla terrifiée en s'apercevant qu'elle avait égaré son téléphone portable qui lui faisait également office d'appareil photo. Elle fut prise de panique à l'idée que son contenu puisse se retrouver sur le Net. En novembre 2006, une vidéo pirate de Ségolène Royal en train de s'exprimer lors d'une réunion, vidéo prise à partir d'un téléphone portable et diffusée sur le Net, relança la question du droit à l'image et de l'atteinte à la vie privée.

Quelles sont les règles en matière de protection de la vie privée et de droit à l'image dans le cadre de la liberté de la presse ? Le droit de photographier est limité et encadré par le droit sur la protection de la vie privée et les principes découlant de la propriété intellectuelle. En France, le droit à l'image est l'un des plus restrictifs (il est quasiment nul en Grande-Bretagne). Il permet à n'importe quel individu de contester la publication d'une photo. Un photographe ayant pris des photos de l'accident qui coûta la vie à Lady Diana fut inculpé. Ils seront finalement trois à être condamnés, le 24 novembre 2003, par la cour d'appel de Paris. Cette dernière estima qu'ils avaient « commis une faute ». Le droit au respect de la vie privée figure dans le code civil depuis la loi du 17 juillet 1970, et dans le code pénal, section 1, concernant l'atteinte à la vie privée. L'article 226 énonce : « Est puni d'un an d'emprisonnement et de 45 000 euros d'amende le fait, au moyen d'un procédé quelconque, volontairement, de porter atteinte à l'intimité de la vie privée d'autrui :

- 1. en captant, en enregistrant ou transmettant, sans le consentement de leur auteur, des paroles prononcées à titre privé ou confidentiel ;
- 2. en fixant, enregistrant ou transmettant, sans le consentement de celle-ci, l'image d'une personne se trouvant dans un lieu privé.

Lorsque les actes mentionnés au présent article ont été accomplis au vu et au su des intéressés sans qu'ils s'y soient opposés, alors qu'ils étaient en mesure de le faire, le consentement de ceux-ci est présumé ».

Un certain nombre de distinctions s'imposent à propos, d'une part, des personnes, publiques ou privées, et, d'autre part, du lieu, privé ou public, de la prise de vue, ainsi que de l'activité du sujet (public, privé ou professionnel). Une personne publique peut très bien se trouver dans un lieu public à titre privé. Si les prises de vues dans un lieu public autorisent une certaine liberté d'action, il faut distinguer les lieux publics par destination (qui ont un propriétaire). Dès que le VIP est dans un lieu public par destination, un restaurant, un magasin, etc., une autorisation est nécessaire.

Quant à l'atteinte à la représentation de la personne, l'article 226-8 déclare : « Est puni d'un an d'emprisonnement et de 15 000 euros d'amende le

fait de publier, par quelque voie que ce soit, le montage réalisé avec les paroles ou l'image d'une personne sans son consentement, s'il n'apparaît pas à l'évidence qu'il s'agit d'un montage ou s'il n'en est pas expressément fait mention.
Lorsque le délit prévu par l'alinéa précédent est commis par la voie de la presse écrite ou audiovisuelle, les dispositions particulières des lois qui régissent ces matières sont applicables en ce qui concerne la détermination des personnes responsables ».

Le droit à la liberté d'expression et d'information, à savoir celui de la presse, ne permet pas à un photographe de s'introduire dans un lieu privé sans l'autorisation des propriétaires. Peu importe que l'intrusion ne soit pas physique. Dès cet instant, il se rend coupable d'atteinte à la vie privée. Cependant, la photographie n'existe qu'à partir du moment où elle est montrée ou publiée. Les tribunaux ont jugé et condamné les photographes sur le principe de l'absence de consentement. S'il s'agit d'un lieu privé, l'autorisation est indispensable, même pour une photo de groupe.

La Déclaration universelle des droits de l'homme affirme dans son article 12 : « Nul ne doit être soumis à des interventions arbitraires dans sa vie privée, sa famille, sa maison et sa correspondance. Tous ont droit à la protection de la loi contre de telles interventions ou attaques ». Un article de la charte des Nations Unies dit que dans l'exercice de ses droits et dans la jouissance de ses libertés, chacun n'est soumis qu'aux limitations établies par la loi exclusivement en vue d'assurer la reconnaissance et le respect des droits et libertés d'autrui, et afin de satisfaire aux justes exigences de la morale, de l'ordre public et du bien-être général dans une société démocratique. Ces droits ne peuvent en aucun cas s'exercer s'ils sont contraires aux buts et aux principes des Nations unies, ou s'ils visent la destruction des droits et libertés énoncés dans la déclaration.

Pour préserver les droits des citoyens, quatre lois dites complémentaires ont été promulguées. Elles portent sur :
• l'informatique et les libertés ;
• le droit d'accéder à certains documents administratifs ;

• la libre consultation, au-delà d'un certain délai, des documents en archives publiques (Loi du 3-1-79) ;
• la motivation des actes administratifs garantissant à toute personne d'être informée des motifs et décisions administratives individuelles défavorables à son encontre (Loi du 11-7-79). À noter que cette loi ne s'applique pas aux enquêtes d'habilitation au secret défense.

À ces lois et déclarations, il convient d'ajouter les articles 9 et 12 du code civil, l'article 8 de la Convention européenne et les dispositions du code pénal sur le respect de la vie privée. Mais la réalité quotidienne n'est-elle pas tout autre ? Certes, nous pouvons tirer nos rideaux, fermer nos portes et fenêtres pour protéger notre intimité, mais cela suffit-il dans le monde d'un vaste réseau où la technologie incite au captage de l'information, tout en facilitant le stockage des informations individuelles ? Où commence et où s'arrête la constitution d'un fichier déclarable auprès de la CNIL (Commission nationale de l'informatique et des libertés). Un fichier biographique est-il assimilable à un fichier nominatif ?

La difficulté première, lorsqu'on aborde la vie privée, réside dans sa définition, car chacun a tendance à avoir la sienne. Pour les législateurs, « Ne concerne pas la vie privée un fait qui touche aux intérêts matériels ou moraux du public et suscite une réaction collective d'approbation ou de disapprobation. » (*Encyclopédie Dalloz*). Un juge du tribunal de grande instance a estimé que le critère général de ce qui s'inscrit dans la sphère de la vie privée « sont les événements dont la publication n'intéresse et ne regarde pas le public. » Cela conduit à établir une différence entre les individus. La notion de vie privée devrait être plus réduite pour les personnes publiques, et plus étendue pour un justiciable lambda, alors que dans la réalité des procès, le montant des dommages-intérêts alloués pour atteinte à la vie privée semble indiquer le contraire.

Les notions de secret et de confidentialité sont elles aussi indissociables des libertés individuelles des démocraties, puisqu'elles permettent, dans une vraie démocratie, à chaque individu qui le souhaite de vivre « caché », si telle est sa volonté expresse et si aucune infraction répréhensible n'est commise.

L'attentat du 11 septembre 2000, avec le Patriot Act, est venu restreindre le champ de la vie privée. Après l'adoption d'une première loi, le président américain semble plus que jamais décidé à accorder davantage de pouvoir au FBI. Les « *feds* » seraient autorisés à collecter les données privées d'ordre médical et financier sans avoir à obtenir l'aval d'une juridiction. Cette loi vise à créer un nouveau crime, celui de « terrorisme domestique ». Sa définition est si imprécise qu'elle peut inclure la désobéissance civile. La France a débattu, en janvier 2004, de l'adoption du deuxième amendement de la loi Perben, destinée à lutter contre la criminalité organisée avec des moyens bien particuliers : augmentation de la durée de la garde à vue, recevabilité de témoignages anonymes et sonorisation (pose d'écoutes).

Les Américains, tout comme les Français, sont de plus en plus inquiets des menaces qui pèsent sur leur liberté d'expression et leur vie privée. Le FBI et l'INS (service d'immigration) consultent les registres des bibliothèques, les abonnements et les registres de vente des libraires. Par réaction à cette immixtion dans la vie privée, certains bibliothécaires détruisent les fiches de prêt de documents susceptibles d'identifier les usagers. Le Patriot Act lui-même permet l'expulsion ou la détention indéfinie d'étrangers, sans chef d'inculpation ni droit d'interjeter appel.

En attendant la généralisation du passeport comportant les données biométriques de son détenteur, l'Union européenne a signé un accord autorisant la communication aux autorités américaines d'informations personnelles (religion, numéro de téléphone, etc.), des passagers de l'UE embarquant sur des vols transatlantiques. Cela n'évite pas pour autant certaines mésaventures, comme celle survenue à une journaliste britannique. Lors de son arrivée dans un aéroport américain, elle a été retenue, fouillée, interrogée et, ses empreintes une fois prises, menottée et embarquée pour passer une nuit au « violon ». Elle n'a pas eu le droit de prévenir un avocat, son consulat ou qui que ce soit. Si certains étrangers peuvent se rendre aux États-Unis sans visa, les fonctionnaires ont ressorti une loi datant de 1952, selon laquelle tout journaliste étranger se doit de posséder un visa.

Précision supplémentaire : cette loi s'applique aux étudiants possédant un visa F-1 ou J-1. Il faut en outre informer les autorités de chaque changement d'adresse.

À propos des nouveaux documents d'identité contenant des données biométriques appelés à se généraliser dans les années à venir, savez-vous qu'un problème de taille se pose ? L'idée consistait à pouvoir lire le document à distance, afin d'accélérer le passage des voyageurs. Or, il a été démontré qu'une personne lambda équipée d'un lecteur pouvait elle aussi consulter les informations confidentielles et fabriquer un clone ! En 2005, lors de la « Black Hat Conference » à Las Vegas, le hacker Lukas Grunwald, l'a prouvé publiquement. Il a copié à distance, intégralement, les données enregistrées sur une puce destinée à équiper les nouveaux passeports. Coût de l'opération ? Environ 1 200 euros. « Il suffit d'une antenne et d'un amplificateur pour capter les données contenues dans des passeports dotés d'étiquettes identitaires à fréquences radio. » Qui garantira qu'un employé indélicat d'un hôtel ou d'une agence de voyages n'a pas copié les informations de la puce, informations qui pourront ensuite être revendues à un terroriste ?

Le Fidis (Futur de l'identité dans la société de l'information), qui s'appuie sur un réseau de chercheurs d'universités, d'instituts et entreprises conseillant l'Union européenne, a confirmé les faits dans un rapport accablant sur les documents de voyage à lecture automatique (DVLA). Les nouveaux documents « peuvent être lus et interceptés jusqu'à une distance de 10 m du porteur, de façon transparente et sans contrôle interactif ». Un passeport entrouvert dans un sac pourrait être copié. Les chercheurs vont encore plus loin avec la possibilité de faire exploser une bombe sélective et sensible uniquement à l'identité du porteur !

Les experts sont en train de revoir leur copie pour que les données soient chiffrées, avec obligation, pour le contrôleur, d'activer la puce avant qu'elle ne livre les informations figurant dans une mémoire (transponder). On parle également d'insérer dans la couverture un matériau qui servira de cage de Faraday, afin qu'aucune radiation ne puisse être captée à distance. Un conseil, si vous possédez ce type de passeport : glissez-le dans une enveloppe en Mylar argenté. Si vous y placez également votre téléphone portable, son rayonnement sera bloqué. Impossible de recevoir un appel, de vous tracer, de vous localiser.

L'INTERCONNEXION DES FICHIERS

En 1999, la CNIL a donné son accord au ministère de l'Intérieur pour la mise en place d'un Système de traitement de l'information criminelle (STIC). Ce fichier nominatif recense toute personne apparaissant ou mentionnée dans une procédure quelconque (préliminaire, main courante incluse), ainsi que toutes les informations se rapportant à une personne dont le nom figure pour quelque raison que ce soit (victime, témoin, suspect) dans une procédure antérieure. Cette base de données étant alimentée en continu, gare aux corrélations un peu trop hâtives !

Ce système n'est pas sans rappeler le projet SAFARI, qui avait fait couler beaucoup d'encre. Le Système automatique pour les fichiers administratifs et le répertoire des individus avait, en mars 1974, suscité une levée de boucliers contraignant le Premier ministre à ne pas avaliser le principe d'interconnexion des fichiers. Cela prouve qu'un projet n'est jamais totalement oublié. Il suffit d'attendre une conjoncture plus favorable pour le faire adopter. De toute façon, il existait déjà le Centre électronique de gestion, d'études et de traitement de l'information (CEGETI), dont le rôle consistait et consiste toujours à centraliser les informations sur des affaires sans rapport apparent.

La loi du 6-1-1978 concernant la CNIL prévoyait que « l'informatique ne doit porter atteinte ni à l'identité humaine, ni aux droits de l'homme, ni à la vie privée, ni aux libertés individuelles ou publiques ». Avec l'avis favorable que la CNIL a rendu suite à sa consultation sur le STIC, on en vient à se demander si sa déontologie n'est pas en train de glisser, privilégiant les besoins de l'État au détriment du citoyen. Cette position reste d'autant plus surprenante que de nombreux fichiers existent déjà :

- Le Fichier des recherches criminelles (FRC), qui archive un double de toute plainte déposée et qui permet le croisement de tous les éléments d'information contenus.
- Les fichiers de rapprochements judiciaires et bases de données : JUDEX, MIDOS, SAFIR, etc.
- Le Fichier automatisé des empreintes dactyloscopiques (FAED).
- Le Fichier des renseignements supplémentaires (FRS).
- Le Fichier des personnes recherchées (FPR).
- Le système informatique des visas et le Registre mondial des visas (RMV).
- Le système d'information Schengen, TREVI... Et ainsi de suite.

Précision utile : au pénal, quiconque intervient dans une procédure est tenu au secret professionnel (code de Procédure pénale 11 et code pénal 226-13). En matière civile, lorsque les juges ont à statuer sur une atteinte à la vie privée, la loi du 1-07-72 s'applique. Par ailleurs, toute personne victime d'un viol, de torture ou d'un acte de barbarie a la possibilité d'opter pour le secret des débats. Si les fichiers électroniques et nominatifs doivent être déclarés et, ensuite, avalisés par la CNIL, rien n'empêche un service de tenir des fiches à jour, sans que la CNIL n'ait à se prononcer sur leur contenu, puisque le fichier n'est alors pas informatisé !

En 1991, une autre loi est venue défrayer la vie publique et politique. La loi Charasse prévoyait l'accès des pouvoirs publics aux fichiers commerciaux pour permettre à l'administration fiscale de découvrir les possesseurs de décodeurs Canal Plus, de magnétoscopes et, ainsi, croiser ces informations avec le fichier de la redevance télévisuelle. Ce ministre avait suivi l'exemple du Trésor américain, l'Internal Revenue Service (IRS), qui avait procédé au contrôle des déclarations fiscales en les croisant avec les fichiers de vente à distance.

L'administration fiscale

Le chanteur Johnny Hallyday (imposé à hauteur de 70 %) annonça fin 2006, dans l'espoir d'échapper au fisc français, son intention de se domicilier fiscalement à Gstaad, une station bernoise. Hélas pour lui, l'administration fiscale n'est pas prête à lâcher un tel contribuable. Gare au moindre faux-pas. Ses relevés de cartes de crédit, par exemple, pourraient bien le confondre et servir aux inspecteurs des impôts pour déterminer qu'il ne réside pas plus de six mois (183 jours) en Suisse. Pour leur échapper, il lui faudra renoncer à régler ses achats, péages autoroutiers, par carte bancaire établie à son nom. Mais sauf à revenir en catimini, comment éviter ses nombreuses apparitions dans l'Hexagone lors de ses concerts ? Dans le cas contraire, le fisc pourra arguer de sa présence une grande partie de l'année en France. En conséquence, le rocker devra s'acquitter, outre son forfait fiscal négocié avec les autorités bernoises, de ses impôts en France, majorés d'une pénalité susceptible d'atteindre jusqu'à 10 %.

Avec les fichiers nominatifs concernant 30 millions de personnes, l'administration fiscale n'est vraiment pas en reste. Le Fichier des comptes bancaires (FICOBA) concentre toutes les informations (comptes ouverts, clos, titres, valeurs, etc.) sur les clients des établissements financiers. La base de données Adonis regroupe toutes les déclarations des trois dernières années. Ariane répertorie l'ensemble des enquêtes locales. « Magique » pour les taxes d'habitation, les résidences secondaires, un autre fichier recense toutes les transactions immobilières et se double d'un système chargé de surveiller le prix de l'immobilier, pour repérer les ventes sous-évaluées et, par conséquent, vérifier leur « conformité » avec les droits d'enregistrement perçus. En cas de « dessous-de-table », l'administration fiscale procédera éventuellement à une enquête. Sans oublier, enfin, le fichier de l'impôt sur la fortune (ISF). Bien entendu, tous ces fichiers peuvent être interconnectés et faciliter ainsi les recoupements fiscaux. Le droit de communication permet de fouiller dans vos communications téléphoniques, d'interroger la Caisse des allocations familiales, le notaire pour une succession, et même l'organisateur de vos vacances et voyages, votre mutuelle, etc.

Mais là encore, tous les citoyens ne sont pas logés à la même enseigne. La périodicité des vérifications varie en fonction de la catégorie socioprofessionnelle. Si les contrôles ont lieu en moyenne tous les huit ans pour les salariés, le délai s'élève à environ une trentaine d'années pour les professions libérales (notaires, médecins, avocats, etc.), quarante ans pour les artisans ; il atteint soixante-quinze ans pour les agents immobiliers, et plus de cent trente ans pour les agriculteurs (d'après un rapport parlementaire).

Avant 2004, les aviseurs (dénonciateurs) pouvaient toucher une prime, mais l'administration fiscale ne rémunère plus ses informateurs. Officieusement, des contreparties existent *via* les douanes. Les dénonciations anonymes sont dirigées vers les BCR (Brigades de contrôle et de recherches) ou la DNEF (Direction nationale des enquêtes fiscales).

Si l'administration fiscale reçoit plus de 200 000 lettres anonymes par an, elle peut aussi compter sur l'aide involontaire des paparazzi. La Direction nationale des enquêtes fiscales possède une cellule qui épluche toute la presse et, surtout, la presse « people » pour y dénicher quelques informations sur un contribuable en vue. Ces hommes et ces femmes sont passés maîtres dans l'analyse des photos publiées par la presse. Le moindre détail susceptible d'avoir une incidence sur l'imposition attire immédiatement leur attention : piscine, yacht, avion, demeure, tennis privé, cheval de course, etc. Toutes ces informations sont archivées dans le dossier du contribuable et, selon la déclaration établie, donneront éventuellement lieu à une enquête.

En cas de suspicion de fraude fiscale, l'administration diligente une enquête en consultant les fichiers auxquels elle a un droit d'accès. C'est-à-dire pratiquement tous les fichiers : des cartes grises, pour vérifier la cylindrée d'un véhicule, à l'électricité, en passant par les compagnies des eaux, pour connaître les comptes ouverts et découvrir ainsi d'autres lieux de résidence ou vérifier leur réelle occupation. Si le contribuable a déclaré vivre à l'étranger et que ses compteurs indiquent une consommation, la supercherie sera vite dévoilée. Il sera piégé dans les mailles du filet d'une inspection de situation personnelle (ISFP). Lors de cette procédure contradictoire, il devra fournir tous les documents financiers, bancaires, et justifier ses dépenses. Gare au contribuable qui produit des pièces douteuses. Il risquerait bien d'être confondu par l'enquête préliminaire qui aura eu lieu à son insu. Il aura été « filé » afin de rassembler des éléments d'information de nature à confirmer ou infirmer la fraude fiscale supposée. Certains inspecteurs des impôts vont jusqu'à suivre leur « client » faire ses courses, pour évaluer son train de vie à travers ses dépenses quotidiennes. La communication des contrats d'assurances souscrits permet de découvrir des valeurs assurées, mais non déclarées au titre de l'ISF. Pour établir la « surface » financière du contribuable, l'enquête peut s'orienter vers l'ensemble de la famille. Comme cela prend du temps, 150 inspecteurs des impôts sont détachés en permanence auprès de la police judiciaire, mais ils ne sauraient suffire. L'administration fiscale fera éventuellement appel à des enquêteurs privés qui pisteront, au besoin, le contribuable à l'étranger pour découvrir où il dissimule un compte bancaire.

Depuis 1999, l'administration fiscale peut, en vertu de l'amendement du projet de loi du député communiste J.-P. Brad, utiliser le numéro de Sécurité sociale pour se livrer à des recherches visant à lutter contre la fraude fiscale. Il faut savoir que le NIR, à savoir le numéro d'inscription au Répertoire d'identification des personnes physiques qui a été introduit en 1940, est géré par l'Institut national de la statistique et des études économiques (INSEE). Ce numéro, qui n'est rien d'autre que le numéro de sécurité sociale, comporte une série de 13 chiffres livrant les informations suivantes : sexe – année – mois de naissance – département – code d'arrondissement ou commune – numéro de rang dans le registre d'état civil. Des « rumeurs » font état d'une particularité de ce numéro indiquant qu'une personne attend l'ouverture de ses droits (prisonnier libéré). Ce numéro, commun à de nombreux fichiers, permet de croiser les informations sur n'importe quel citoyen ou résident domicilié fiscalement sur le territoire national. Rien de plus simple que de connaître la composition d'un foyer fiscal et de savoir si l'un de ses membres bénéficie d'une exonération de la taxe d'habitation, alors qu'il héberge une personne aux revenus élevés qui, elle, devrait payer cette dernière.

Si cela n'est pas immoral au nom d'une certaine égalité sociale, le danger pourrait bien venir d'autres organismes (assurances, banques, électricité, opérateurs téléphoniques, etc.) qui, avec un accès même indirect à ces fichiers, seraient tentés de s'en servir dans un but mercantile. L'exemple de la Suède dans ce domaine doit donner à réfléchir. Depuis 1947, chaque citoyen est enregistré sous un numéro d'identification qui lui est personnel, comme notre NIR, sauf qu'il est désigné sous le terme de *personal number*. Ce numéro est utilisé par l'administration fiscale, mais aussi par les services de santé, et figure aussi sur le permis de conduire, le passeport, la carte d'électeur. On le réclame pour une location de véhicule, une demande de crédit, etc. Et comble du comble dans l'atteinte à la vie privée, le secteur privé peut y avoir accès ! Dès lors, muni de ce numéro, n'importe qui peut connaître les nom, prénom, adresse, situation familiale, imposition, résidence, casier judiciaire, etc., de son possesseur.

SECTEUR PRIVÉ ET ENTREPRISES PUBLIQUES

Au nom de la compétitivité économique, la cybercuriosité devient de plus en plus intrusive et le recueil d'informations intéresse les énormes bases comportementales, véritables éponges capables d'absorber des données chaque jour plus nombreuses. Ce n'est pas tant les éléments d'information recueillis qui posent véritablement problème que l'usage qui peut en être fait. Pour quiconque veut s'en donner la peine, il est possible de recueillir des renseignements très importants et de nature confidentielle, comme ce membre du CCC (Chaos Computer Club) qui a diffusé sur le Net les fréquences du réseau de communication militaire RITA (Réseau intégré des transmissions automatiques).

Les bases de données concernent plusieurs millions de foyers de consommateurs. Pour inciter les ménagères à se dévoiler lors d'une enquête sur leurs habitudes de consommation en répondant parfois à plusieurs centaines de questions, dont certaines très indiscrètes, ces sociétés de marketing n'hésitent pas à leur proposer des «cadeaux» sous forme de coupons-réponse, carte de fidélité. En mars 1998, 20 millions de ménages ont reçu une lettre contenant 200 questions. Toutes les ménagères qui mordent à l'appât se retrouvent fichées dans ces bases de données, et toutes les informations sont ensuite analysées par un logiciel apte à dresser leur profil consommateur. Certains logiciels vont plus loin avec le scoring. Vous fournissez un élément d'information, par exemple un prénom, et l'ordinateur vous sort une tranche d'âge d'appartenance. France Télécom, 26 millions d'abonnés, en raffole. Un autre logiciel est capable d'analyser le vocabulaire adopté dans la correspondance avec un service après-vente, le service clientèle, etc., et se propose de déterminer l'âge, la catégorie socio-professionnelle, en allant jusqu'à suggérer un slogan publicitaire à même de mieux atteindre la cible. Ces *bookers* ne conservent pas leurs fichiers pour le seul plaisir de le posséder. Ils les revendent à des sociétés pratiquant le mailing ou le phoning (assurances, établissements financiers, etc.), qui recherchent des prospects. Ce principe de vente sur une « cible identifiée » n'est pas nouveau. Au XVIIIe siècle, Mozart vendait ses partitions de la sorte. Maintenant, les entreprises s'intéressent aux prix dynamiques, à savoir la définition de tarifs différents pour un même article. Sur Internet, les revendeurs ont la possibilité de fixer des prix dynamiques, la technologie leur permettant ensuite de rassembler les informations pour déterminer quel prix les habitants de telle région sont prêts à payer pour acquérir un bien précis. Un grand commerce en ligne a été condamné pour avoir fait payer 3 à 5 euros de plus le même DVD à ses clients.

La SNCF, dans un autre domaine, n'est pas en reste. Avec le système SOCRATE, qui s'apparente aux systèmes que l'on rencontre dans l'aéronautique, elle est en mesure de réunir des informations privées. Pour la délivrance de certains billets achetés sur Internet, on vous demande votre nom, votre date de naissance. La consultation du fichier permet de connaître jusqu'à deux mois à l'avance (délai maximum pour la réservation) votre date de départ, votre destination, le train emprunté, la place occupée. Pour bénéficier d'un tarif préférentiel, le billet est nominatif et le contrôleur vérifie la pièce d'identité. Chacun sait que seul un OPJ (officier de police judiciaire) a le droit de procéder à une telle vérification.

Le fichier Gaetan des aéroports de Paris recèle lui aussi une foule d'informations. Dès qu'un passager se présente au guichet d'embarquement d'une compagnie aérienne, la place assignée dans l'appareil, le poids, le nombre et la destination de ses bagages s'inscrivent dans l'ordinateur, ainsi que tout incident survenu, comme la non-présentation d'un passager à l'embarquement. C'est grâce au logiciel Gaetan que votre compagnie peut « tracer » et localiser un bagage égaré dans un aéroport ou sur un vol quelconque.

S'agissant des voyagistes titulaires d'une licence, un employé n'est pas autorisé à consulter la liste des passagers et seul le personnel de la compagnie peut y avoir accès. En revanche, l'agent de voyages pourra vérifier si tel passager est bien inscrit sur un vol déterminé. Il lui suffira pour cela d'indiquer le vol et l'initiale du passager. L'ordinateur affichera en retour tous les patronymes commençant par la lettre en question. En répétant l'opération, on finit par connaître la liste des passagers ! Et la procédure peut s'appliquer à plusieurs vols. Si, en principe, le dossier disparaît trois jours après le départ en l'absence d'incident, une copie reste consultable pendant plusieurs années (jusqu'à cinq ans) par différents services.

Pour votre gouverne, sachez qu'un célibataire figure dans environ 200 fichiers et un couple, dans 500 fichiers ! Quelques fichiers, parmi les centaines qui existent et dans lesquels vous figurez probablement :

- Fichier national des permis.
- Fichier de l'Éducation nationale.
- Fichier des auteurs et victimes d'infractions.
- Fichier de votre enterprise.
- Fichier des associations.
- Fichiers ANPE, APEC, ASSEDIC.
- Fichier des ressortissants étrangers AGDREF.
- Fichiers bancaires.
- Fichier des réfugiés et apatrides (OFPRA).
- Fichiers des abonnements.
- Fichier des contraventions.
- Fichiers des allocations familiales.
- Fichier de l'INSEE.
- Fichiers syndicaux.
- Fichiers électoraux.
- Fichier de la Sécurité sociale.
- Fichiers commerciaux.
- Fichiers de l'Assistance publique.
- Fichiers de l'état civil.
- Fichiers des dossiers médicaux (DISC).
- Fichiers des propriétaires fanciers.
- Fichiers des sociétés de credit.
- Fichiers fiscaux (BIC).
- Fichiers clients.
- Fichiers des assurances.
- Fichiers de VPC.
- Fichiers d'agences de voyages.
- Fichiers des opérateurs téléphoniques.
- Fichiers eau, gaz, électricité.
- Fichiers des caisses de retraite ARRCO, AGIRC.

Nous avons volontairement laissé de côté les très nombreux fichiers relevant des ministères de l'Intérieur, de la Défense, de la Justice, ainsi que les mystérieux fichiers de la police aux frontières AF01 (qui alimente des dizaines de fichiers), AF 03 (qui invite le fonctionnaire à poser des questions pour obtenir des informations de la personne accompagnant le passager), AF04 (qui enjoint à fouiller le passager désigné). Il est également question de constituer un fichier des armes à feu (longues et de poing), qui conserverait dans sa mémoire les caractéristiques de l'arme, utiles à la police scientifique. Le simple examen d'un projectile, d'une arme permettrait d'identifier le propriétaire légal de l'arme.

Sachez que le fichier national des permis de conduire garde en mémoire les contraventions et les sanctions dont le conducteur a fait l'objet. Pour l'instant, ce fichier n'est pas encore relié au fichier national des immatriculations. Le fonctionnaire doit, pauvre de lui, procéder à deux requêtes. Le fichier des cartes grises, dont on s'attend à ce qu'il soit réservé au seul usage de l'administration, circulerait chez des constructeurs automobiles, leur offrant dès lors la possibilité de concevoir un véhicule pour une catégorie socioprofessionnelle : prix, puissance, confort, fréquence de renouvellement, etc. Quant au fichier du contrôle technique des véhicules, détenu par les centres, il permet de connaître l'immatriculation et, partant, le nom du propriétaire du véhicule.

PISTÉ PAR VOTRE PULL

Lors de la guerre du Golfe, 40 % des containers arrivant sur le théâtre des opérations devaient être ouverts pour s'assurer de leur contenu. Avec le système d'identification RFID (Radio Frequency Identification), ce chiffre est tombé à 10 % en Afghanistan. Il semblerait qu'avec le conflit en Irak, les États-Unis aient atteint la « *total asset visibility* », ou visibilité totale de leurs ressources. L'état-major coordonne un système qui lui permet de localiser à tout moment l'ensemble des véhicules et des cargaisons, soit plus de 250 000 containers circulant dans près de 40 pays et 400 emplacements. Cette prouesse logistique a été rendue possible par une étiquette comprenant un microprocesseur muni d'une antenne. La puce, qui a détrôné le code-barres, peut être scannée par un appareil portable. Il n'est même plus besoin d'ouvrir les caisses pour savoir ce qu'elles renferment ! Cette technologie va être intégrée à l'intérieur des DVD (procédé Blu-ray et HD-DVD) afin d'éviter leur piratage, et servira aussi pour le marquage des instruments chirurgicaux, afin de s'assurer qu'aucun d'eux n'a été oublié à l'intérieur du corps du patient.

Cette technologie entraîne des dérapages. Ces puces minuscules peuvent être implantées à l'insu de la personne, et un fabricant de ces chips basé en Floride (Verichip) fait du lobbying pour inciter le Pentagone à insérer des implants dans l'épiderme des soldats. Pour les citoyens avides d'anonymat, ce même système a été commandé à 15 millions d'exemplaires par la firme Benetton. Ces puces de la taille d'un grain de sable seront placées sur les vêtements produits par la marque, afin de simplifier la gestion des stocks et de lutter contre le vol. Les personnes portant un vêtement de la marque pourront être détectées à l'aide d'un récepteur. Un autre confectionneur italien a, quant à lui, déjà posé de telles étiquettes électroniques sur ses vêtements ! Imaginez, à moins que cela ne soit déjà la réalité, que votre sac, portefeuille, ceinture, etc., soient munis de ces mouchards ? Carrefour procède de son côté à des tests. La solution ? Effectuer ses achats chez un commerçant qui, comme le groupe Metro en Allemagne, met à disposition de la clientèle un désactivateur de puce, ou bien opter pour la technologie d'IBM, qui propose un modèle dont l'antenne peut être arrachée par le consommateur. Un fabricant hollandais travaille pour sa part sur un appareil permettant de connaître les informations contenues dans la puce, de les brouiller afin que personne ne puisse les lire ou, plus simplement, de les effacer.

À propos des cartes à puce (téléphoniques, santé, paiement, etc.), des méthodes et outils (parfaitement connus des techniciens amateurs) nécessaires pour lire leur contenu sont en vente dans le commerce. Dès 2002, un ingénieur réputé auprès des lecteurs de revues spécialisées démontra qu'il était facile de dupliquer les zones « publiques » d'une puce. En 2004, il établit que les données figurant dans la partie confidentielle étaient simplement codées en BCD et en ASCII, et non cryptées ! À quoi peuvent bien servir les sécurités si elles ne sont ni mises en place, ni activées ?

En ce qui concerne les cartes sans contact RFID, de nombreux kits d'évaluation permettent de vérifier leur contenu. Qu'il s'agisse d'un passeport sécurisé, d'un dossier médical, il est possible de lire la puce. Citons à ce propos Software development kits et son ACR120 (ADT60, AET60 et AET63 pour la biométrie), Xistudio, Advanced Card Systems (**www.acs.com.hk**). Le premier prix d'un kit de développement RFID tourne autour de 200 euros. Pour information, vous pouvez également acquérir un kit de développement pour la reconnaissance d'empreintes digitales. Voilà le genre de nouvelle qui a de quoi rassurer les faussaires sur leur avenir, mais qui ne manquera pas d'inquiéter les honnêtes gens.

L'article 25 de la loi n°78-17 du 6 janvier I978, plus connue sous le nom de Loi Informatique et Libertés, prévoit que la collecte d'informations doit être loyale et que la personne doit être avertie que les informations à son sujet pourront être exploitées commercialement. Si le consommateur désire être rayé des fichiers commerciaux, il peut saisir l'Union française du marketing direct (UFMD-VPCD), 60 rue de la Boétie – 75008 Paris, et demander à être inscrit dans la base de données (encore une!) Robinson/Stop Publicité. Si cette démarche demeure sans effet, le consommateur n'a d'autre recours que de saisir la CNIL, 21 rue St-Guillaume – 75007 Paris, numéro de téléphone 01.45.44.40.65.

L'article L. 33-4-1 du code des Postes et télécommunications prohibe « la prospection directe, par automates d'appel ou télécopieur, d'un abonné ou d'un utilisateur d'un réseau de télécommunication qui n'a pas exprimé son consentement à recevoir de tels appels. »

L'article 226-18 du code pénal précise : « Le fait de collecter des données par un moyen frauduleux, déloyal ou illicite, ou de procéder à un traitement d'informations nominatives concernant une personne physique malgré l'opposition de cette personne, est puni de cinq ans d'emprisonnement et de 45 000 euros d'amende. » En vertu de l'article 226-24, les personnes morales peuvent voir leur responsabilité engagée.

Par ailleurs, la loi française, relayée par une directive européenne de 1995, interdit la collecte de données sur l'appartenance ethnique, les opinions politiques, syndicales, philosophiques, la santé ou la vie sexuelle. Cela signifie que l'exploitation de fichiers est réglementée, et que tout fichier contenant des données à caractère personnel doit être déclaré à la Commission nationale de l'informatique et des libertés. Rappelons qu'une information personnelle est une information qui permet l'identification directe ou indirecte d'une personne physique. Cela englobe donc : le numéro de Sécurité sociale ou de téléphone, l'adresse, etc. La gendarmerie nationale a plusieurs fois été épinglée par la CNIL pour « manquement grave » à la loi sur la constitution de fichiers informatisés.

Selon l'article 29 de la loi du 6 janvier 1978 (dite loi Godefrain) : « Toute personne ordonnant ou effectuant un traitement d'informations nominatives s'engage de ce fait, vis-à-vis des personnes concernées, à prendre toutes précautions utiles afin de préserver la sécurité des informations, et notamment d'empêcher qu'elles ne soient déformées, endommagées ou communiquées à des tiers non autorisés. » La peine encourue est de cinq ans d'emprisonnement et de 45 000 euros d'amende.

En outre, toute personne justifiant de son identité peut interroger les services qui utilisent un fichier informatisé pour savoir si des informations nominatives à son encontre sont exactes et conformes à la loi. Pour certaines administrations (notamment les R.G.), la demande doit être adressée à la CNIL, qui diligentera l'investigation en votre nom, en contrepartie du paiement d'un droit d'une dizaine d'euros. L'intéressé qui constate certaines inexactitudes a droit à une rectification. Il peut également demander que soient effacées certaines informations qu'il juge contraires à la loi ou pour tout autre motif légitime. La modification une fois enregistrée, l'organisme doit lui rembourser la taxe versée.

L'article L. 32-3-1 du code des Postes et télécommunications, modifié par la loi n°2001-1062 du 15 novembre 2001, impose aux opérateurs de téléphonie d'effacer toute donnée relative aux communications, sauf pour raison commerciale, de facturation et les besoins de recherche d'une infraction pénale, pour lesquels les données « techniques » doivent être conservées durant une période d'un an. La même obligation s'applique aux fournisseurs d'accès Internet (y compris l'ADSL et Wi-Fi), qui peuvent permettre d'établir une connexion servant pour un cyberdélit.

Toutes les précautions législatives n'empêcheront jamais la malveillance ni l'intention de nuire. Un hacker a réussi à atteindre le dossier médical d'un homme politique américain et à y ajouter une mention de séropositivité. L'homme, calomnié, s'est suicidé.

LA CARTE À PUCE

Pour vous suivre à la trace, rien de tel que la carte de crédit ! Le premier organisme de crédit gère 7 millions de cartes aux noms des grandes enseignes de la distribution et connaît la situation financière de chaque titulaire d'une carte de crédit. En ce qui concerne les cartes bancaires, la couleur peut déjà vous classer dans une tranche de revenus, et l'organisme n'aura aucun mal à déterminer votre profil par le montant moyen de vos achats, les zones d'achats et magasins fréquentés (NAP), l'heure à laquelle vous effectuez vos emplettes, etc. Sans oublier les informations livrées lors de la remise du questionnaire à remplir pour obtenir votre viatique de plastique. Ces données peuvent ensuite être analysées par les établissements financiers pour déceler une fraude à la carte de crédit. Si un achat sort de la fourchette de ces références, il est possible de bloquer la carte et, du même coup, la transaction indue. Le consommateur regrettera simplement que cette pratique ne soit pas plus largement répandue.

Plus question de se passer de carte. Elle est devenue indispensable pour réserver un véhicule, une chambre d'hôtel, une place d'avion, etc., ou pour procéder à un achat à distance. Dans le cas d'un achat à distance, le consommateur bénéficie en principe d'un délai de réflexion de 7 jours, mais dans la réalité, il risque bien de voir son compte promptement débité avant l'expiration dudit délai. Une situation qui sera à la base d'un litige en cas d'annulation de sa part et lorsque le vendeur ou prestataire de service devra rembourser la caution. Sans parler du risque de fraude, d'escroquerie ou d'usage illicite de la carte par un employé malhonnête.

Il existe, pour les cartes à « puce », bien d'autres applications. Le contrôle d'accès ou le pointage permettent de connaître l'heure de passage de la personne et, pour certains dispositifs, le trajet accompli. L'employé a-t-il quitté son poste pour se rendre aux toilettes ? Le superviseur en sera averti et contrôlera éventuellement si la durée d'absence est conforme (3 minutes) aux statistiques ou s'il s'agissait d'une pause déguisée. Certaines cartes « main libre » protègent les véhicules contre le vol et sont lues par des bornes placées sur l'autoroute. Il est alors possible de dire que tel véhicule (volé ou non) a emprunté tel passage à telle date et à telle heure, et qu'il suivait telle direction. Comme l'itinéraire est prévisible et le trafic connu, on peut en déduire les haltes. Certains véhicules sont équipés d'une balise GPS (Global Positioning System) pour déterminer en temps réel leur emplacement. Les automobilistes ont échappé de peu à une bien étrange boîte noire. Elle était censée mémoriser les mouvements du véhicule, ainsi que certains signaux survenus après une collision, afin de permettre ensuite d'analyser le comportement du conducteur et tout déplacement du véhicule.

Les cartes téléphoniques établies au nom de l'employeur avec code confidentiel qu'utilisent les représentants, cadres, peuvent voir leur contenu divulgué sur simple requête de l'employeur. Gare au cadre supérieur qui aurait appelé d'une station de sports d'hiver alors qu'il devait, en principe, visiter un client en Normandie ! Les ordinateurs de France Télécom conservent les informations (appels reçus et émis, lieu de l'appel, poste privé ou cabine, date, heure, durée) pendant un an. Mais avec la multiplication des fichiers et l'accroissement de la mémoire, il est encore possible, plusieurs années plus tard, de retrouver la trace d'un appel. Le service du réveille-matin (*55*) est lui aussi un véritable mouchard. En cas de non-réponse, l'ordinateur note « absent ». Comme alibi, il vous faudra trouver mieux, ou bien placer un répondeur qui décrochera à votre place.

Il n'est pas étonnant que le consommateur soit confronté à un véritable lobby des cartes, lobby qui voudrait bien voir « sa merveille » mise à toutes les « sauces ». En cas d'enquête, de réclamation, rien de plus facile que de connaître toutes ces informations touchant à la sphère de la vie privée.

Le consommateur n'a échappé que de peu au permis de conduire à puce, avec la mémorisation des infractions au code de la route. La Direction générale des transports n'écarte pas sa création. À quand la carte à puce qu'il faudra glisser dans un lecteur pour établir ou non le contact du démarreur, au cas où le nombre de points serait nul ? On y pense...

SOURIEZ, VOUS ÊTES VIDÉOSURVEILLÉ !

En 1997, la nurse Louise Woodward fut accusée du meurtre d'un bébé de 8 mois. Elle avait été piégée par un type de caméra bien particulier. Il s'agissait d'une « *nannycam* ». En l'absence des parents, les images vidéo étaient enregistrées sur un magnétoscope longue durée, images que ces derniers visionnaient dès leur retour afin de s'assurer des soins apportés par la nurse à leur enfant. Quelle ne fut pas leur surprise de la voir secouer si violemment le bambin qu'il en était mort !

Il est devenu quasiment impossible de déambuler au centre d'une ville, d'emprunter un aéroport, de franchir un poste douanier ou de fréquenter un centre commercial sans être épié par un système vidéo. Une chaîne de télévision londonienne a trouvé plus fort que la téléréalité. Elle propose à tout citoyen de devenir un indicateur de police bénévole. Shoredich TV permet de scruter les moniteurs de 400 caméras de vidéosurveillance d'un quartier de la ville. Le « téléspectateur » qui surprend une activité lui paraissant suspecte peut alors comparer le visage avec une banque de données comportant les photos et noms de personnes surveillées pour incivilité ou petite délinquance. Il lui suffit, ensuite, d'envoyer à la police un courriel « anonyme ».

Un habitant de Dallas qui regardait, depuis son domicile, une webcam installée dans une rue de Liverpool (Angleterre) a aperçu, à 4 h 30 (décalage horaire de cinq heures), trois inconnus forcer la serrure d'un magasin de sport. Il a aussitôt téléphoné à la police locale, qui a ainsi pu interpeller les auteurs du cambriolage en flagrant délit. Les policiers londoniens et new-yorkais seront bientôt dotés d'une caméra dissimulée sur leur casque. L'appareil enregistrera le comportement de toute personne appréhendée. Certains citoyens se demandent déjà comment surveiller aussi le policier.

Au Royaume-Uni, on recense plus de 4 millions de caméras, soit une pour quatorze habitants. Un touriste qui se promène à Londres est filmé en moyenne 800 fois dans une seule journée par l'une des 400 000 caméras réparties dans la capitale. À Middlesbrough, les passants surpris par les caméras en train de jeter un papier ou un mégot par terre se font admonester en public par haut-parleur depuis le centre de contrôle.

Des projecteurs infrarouges, intensificateurs de lumière, des logiciels d'images peuvent pallier de mauvaises conditions de prise de vues et rendre une image exploitable en toutes circonstances. Là où notre œil ne perçoit que 16 nuances de gris, l'ordinateur, lui, en décèle plus de 256. Comme il n'est plus question d'enrayer la technologie, l'évolution, après l'aptitude à suivre une personne dans une foule, on s'oriente maintenant vers la reconnaissance automatique de la plaque minéralogique pour repérer un véhicule volé, placé sous surveillance, ou pour permettre à un abonné de franchir un contrôle d'accès ou un péage sans avoir à s'arrêter. Certains aéroports expérimentent déjà des logiciels de reconnaissance faciale.

Même les internautes sont de la partie avec la *real TV*, en braquant leur Webcam sur un espace public et les passants qui y circulent. Un groupe canadien a présenté au Salon de la Réception numérique un système de vidéosurveillance sur téléphone cellulaire. Son logiciel permet de visualiser les images vidéo de caméras de surveillance sur un portable. C'est le PC qui transmet ensuite ces images vers le téléphone mobile, *via* GPRS ou UMTS.

LE SECRET MÉDICAL

L'idée d'une banque du code génétique est apparue chez les militaires pour permettre d'identifier les soldats décédés au cours de leur mission. Maintenant, on s'oriente vers une banque de données criminelles pour les affaires sexuelles (le fichier des empreintes génétiques) et, à terme, vers toutes traces susceptibles d'intéresser la police scientifique. Les autorités helvétiques envisagent de faire figurer le code ADN sur le passeport de leurs ressortissants, ce qui pourrait faciliter l'identification des corps en cas d'accident. Si la constitution d'un fichier génétique nominatif inquiète de nombreuses personnes, leur inquiétude est surtout liée à la crainte de voir cette banque de données, créée pour un usage bien précis, employée à des fins tout autres.

Les chercheurs sont parvenus à mettre au point un laboratoire portable d'analyse de la souche A.D.N. Il suffit de connecter le capteur à un ordinateur portable pour afficher, en moins de deux minutes, le graphique permettant d'établir une corrélation avec une « empreinte » génétique déjà stockée en mémoire. Imaginons qu'une société de crédit, une compagnie d'assurances puissent avoir accès à ces informations. Elles risqueraient alors d'utiliser le renseignement pour refuser d'apporter leur concours à une personne considérée comme risquant de développer une maladie ou bien de procéder à toute autre discrimination génétique. L'eugénisme pratiqué par certains pays est encore profondément enfoui dans les mémoires.

Dans les années 1980, la communauté des Juifs orthodoxes Dor Yeshorim (génération des vertueux) annonça son désir de réaliser des tests génétiques prénuptiaux afin de dépister des maladies héréditaires. Les affections en cause étaient : la maladie de Tay-Sachs (une forme d'idiotie qui affecterait certains groupes ethniques d'origine polonaise), la maladie de Gaucher (qui provoque un grossissement de la rate et une augmentation des troubles nerveux chez la femme) et la mucoviscidose (qui, elle, ne présente aucune prévalence ethnique !).

Notre patrimoine héréditaire contient 30 000 gènes, et il suffit d'un changement infime dans cet ordonnancement pour entraîner une affection acquise à la suite d'une mutation génétique (la très grande majorité des cancers relèvent de cette catégorie) ou héritée : la mucoviscidose, l'amyotrophie spinale, la dystrophie FSH, la chorée de Huntington ou la neurofibromatose ne sont que quelques exemples d'une liste non exhaustive. Si, dans certains cas, la mutation entraîne toujours l'apparition de la maladie, comme cela se produit avec l'hémophilie, il existe d'autres pathologies héréditaires qui se distinguent par le fait que la mutation n'entraîne pas fatalement l'apparition de la maladie. On parle alors de prédisposition à la maladie. Il n'est donc pas question de se mettre en quête, à l'aveuglette, des éventuels gènes défectueux d'un individu. On recherche un marqueur génétique ou une portion d'ADN que l'on pense retrouver chez tous les membres d'une même famille, dont certains membres présentent la maladie en question.

Pour le centenaire du Dies Academicus en 2004, le canton de Genève a organisé un procès fictif, très riche en enseignements. Un jeune homme âgé de 33 ans apprend, par un test génétique destiné à dépister le syndrome de Lynch, qu'il est atteint d'une forme rare du cancer du côlon qui se transmet de façon héréditaire, et que celui qu'il croyait être son père n'était pas son géniteur biologique. Une question se pose. Le praticien devait-il informer les deux patients qu'il s'agissait indirectement d'un test de paternité ? Pour l'avocate de la partie civile, il est évident que le médecin a violé son devoir professionnel en n'informant pas ses patients d'une manière éclairée pour recueillir leur accord. La défense argua qu'il n'avait jamais été question d'un test de paternité, mais de soigner un patient, et que nul ne pouvait prévoir la suite des événements. Certains estiment que le patient devrait avoir le droit de ne pas savoir et de refuser de prendre connaissance des résultats des analyses, et d'autres avancent que le médecin devrait être dégagé du secret professionnel lorsque les intérêts exigent que la famille ou le partenaire soient informés. En tout cas, tous étaient d'accord pour qu'un employeur, une compagnie d'assurances ne puissent ni exiger ni utiliser les résultats d'une analyse génétique, présymptomatique ou non.

On commence à trouver sur Internet des kits pour dépister le sida (HIV) à domicile. Le test, qui peut se réaliser avec des échantillons de sang ou de cellules prélevées entre la joue et les gencives à l'aide d'un Coton-Tige, ne prend que vingt minutes, et les résultats indiquent sur la fenêtre s'il s'agit de la présence des anticorps VIH-1 ou VIH-2 avec, pour un résultat positif, une fiabilité de 99 %, et de 100 % pour un résultat négatif.

Dans un souci d'économie des finances publiques, le Serveur des demandes des résultats d'examens (SDRE) des hôpitaux publics fiche chaque patient en lui attribuant un numéro de dossier d'admission qui, ensuite, permet de retracer toutes les demandes afin d'éviter les examens inutiles. En revanche, le projet de la carte de santé avec une puce et la mémorisation du dossier médical, reprenant une idée déjà émise en 1984 et reprise en mai 2004, soulève bien des oppositions et suscite beaucoup de questions. Qui aura accès aux informations contenues, quelle sera la hiérarchisation d'accès pour la consultation des antécédents médicaux, des opérations subies, des allergies, du groupe sanguin ? Un radiologue aura-t-il à savoir si le patient venu au cabinet pour une radiographie du genou est porteur du HIV ?

Pour nombre d'entre nous, le secret médical est avant tout une obligation morale du médecin, qui en reste le dépositaire et le garant envers son patient. Pour reprendre un extrait du serment d'Hippocrate (460-377 av. J.-C.) : « Quoi que je voie ou entende dans la société pendant l'exercice ou même hors de l'exercice de ma profession, je tairai ce qui n'a jamais besoin d'être divulgué, regardant la discrétion comme un devoir en pareil cas ». Il s'agit donc d'un secret partagé entre les deux parties. Ce que l'on sait moins, c'est que le secret médical est ancré dans les textes de lois. L'ancien médecin du président François Mitterrand s'est vu, lors de la parution de son livre *Le Grand Secret*, reprocher l'atteinte au secret médical. L'interdiction de publication a été finalement levée, en mai 2004, par la Cour européenne des droits de l'homme. Le secret médical n'a donc rien d'absolu. D'ailleurs, il ne tient pas face aux mauvais traitements infligés à un enfant ; la loi impose même de dénoncer le délit aux autorités.

La notion de santé publique est venue ajouter une nouvelle dimension au secret médical. La santé ne se réduit plus à la seule relation patient/médecin. La santé est devenue un système auquel les malades participent. L'épidémie de pneumopathie atypique a illustré l'intérêt, pour les autorités sanitaires, d'être capable de retracer le parcours de l'épidémie et, ensuite, de l'endiguer et éviter sa propagation à travers la planète.

INTERNET

Il est habituel d'entendre dire que la Toile porte atteinte à la vie privée des citoyens, et que la moindre visite sur un site contribue à répertorier le passage de l'internaute dans un fichier consultable. En réalité, il faut différencier les données publiques, qui concernent un individu et sont déjà disponibles ouvertement, des données privées, recueillies à l'insu de l'internaute. Les deux sont légion.

Timothy McVeigh, marin de l'US Navy, abonné à American On Line (AOL), avait lui-même fait mention de son homosexualité dans son profil utilisateur. Cette information parvint à l'US Navy, qui lança immédiatement une procédure en résiliation de contrat d'engagement. Ce fournisseur d'accès, comme bien d'autres, utilisait les renseignements figurant sur les questionnaires pour dresser ensuite un profil « étude » proposé à des e-sociétés. Ne soyez donc pas étonné si, parfois, vous recevez du courrier informatique que vous n'avez pas sollicité.

Outre le formulaire d'inscription, le *provider* (fournisseur d'accès), passage obligé entre l'internaute et le Web, contrôle toutes les activités de ses clients. Il archive ces données, qui pourront par la suite être consultées sur commission rogatoire, mais aussi par certains hackers ou crackers. Qui sait, dès lors, l'usage qui sera fait des informations recueillies ? Un serveur a eu la surprise de voir les codes d'accès de ses clients diffusés sur le Net !

En juillet 2000, suite à une erreur lors de l'extension de son réseau, Free Surf a compromis les mots de passe de 300 000 messageries électroniques, et ce sans en avertir immédiatement ses clients afin qu'ils changent aussitôt leur mot de passe. Quelque temps plus tard, les clients de la banque suisse UBS qui géraient leur compte par Internet *via e-banking* reçurent un e-mail ayant pour objet « resume.txt.vbs ». Ce fichier avait pour finalité de dérober les numéros d'accès stockés sur le *hard drive* (disque dur).

Autre aventure édifiante arrivée à des Américains : ils découvrirent que leurs identités avaient été utilisées illégalement pour obtenir 75 cartes de crédit ayant servi à effectuer des achats pour un montant de 100 000 dollars, ouvrir 20 abonnements de téléphones portables et louer plusieurs appartements. Les escrocs étaient parvenus à se procurer les informations personnelles suivantes : adresse, date et lieu de naissance, numéro de sécurité sociale, grâce auxquelles ils se firent délivrer permis de conduire et cartes de crédit.

Comme le démontrent ces quelques exemples très révélateurs, l'information circulant sur le Net peut être interceptée, décodée, archivée et/ou utilisée pour une cyberattaque ou une cyberescroquerie. Des escrocs dérobaient la carte de crédit d'une victime et, se faisant ensuite passer pour un policier qui avait arrêté les voleurs, un membre de la bande téléphonait d'une cabine à la victime, lui conseillant d'appeler immédiatement le centre d'opposition, dont il fournissait le numéro de téléphone. Il s'agissait, bien entendu, d'une cabine publique, où un comparse attendait l'appel en question et sollicitait la communication du code confidentiel afin de l'invalider.

Lors d'un achat en ligne, c'est parfois une société intermédiaire qui gère la transaction entre le client et le vendeur. Elle est donc la mieux placée pour capturer toute information relative à la transaction. Comme ces compagnies sont encore peu nombreuses, il y a des chances pour que tout achat effectué dans une zone délimitée passe toujours par le même site. Ce dernier est alors en mesure de connaître quasiment tout des habitudes d'un client, à commencer par son numéro de carte de crédit et sa date d'expiration. Gare aux « doublettes » !

De nombreux sites visités profitent du passage de l'internaute pour recueillir à son sujet des informations, mais d'autres vont jusqu'à s'infiltrer à son insu dans le disque dur ! Certains microprocesseurs (Intel Pentium III, par exemple) possèdent un identifiant. Global Unique Identifier (GUID) est en fait le mouchard du système d'exploitation de Microsoft. Comme il est gravé dans le microprocesseur, pas question de le court-circuiter (ce dispositif existe aussi sur le Minitel). C'est cet identifiant qui a été à l'origine de l'arrestation, par le FBI, de l'auteur du virus Melissa. Certains fabricants de logiciels (Netscape, Real Player, pour ne citer qu'eux) ont également la possibilité, lors de vos sessions informatiques, de savoir si vos logiciels sont des copies piratées ou non, un identifiant unique d'utilisateur étant préalablement enregistré.

Autre pratique dommageable, l'installation d'un *freeware* (gratuiciel) qui ne rapporte aucun revenu direct, mais dont quelques-uns des auteurs se font rémunérer autrement. Ils concluent des partenariats avec d'autres sociétés qui implantent le logiciel avec le leur. L'utilisateur installe deux logiciels au lieu d'un seul. Ce second programme peut être anodin ou un *spyware*, à savoir un logiciel espion qui envoie ensuite discrètement ses informations *via* Internet.

Retenez bien cela. Vous n'êtes peut-être pas seul derrière votre ordinateur. On utilise les nouvelles technologies tout naturellement, sans même y réfléchir. Les gens se font des idées complètement fausses de ce que l'on appelle le cyberespionnage, qui n'est rien d'autre qu'une branche de la guerre électronique.

Spector, qui peut se télécharger pour moins de 60 euros, est un logiciel d'espionnage diabolique. Il transforme votre ordinateur en caméra espion et capture à des intervalles préprogrammés l'écran de votre ordinateur. Il suffit, ensuite et en l'absence de l'utilisateur, de frapper un mot de passe pour visionner l'enregistrement des actes accomplis. Pire, aucune trace n'est décelable, ou alors très difficilement et par un spécialiste. La nouvelle version eBlaster est encore plus redoutable. Elle transmet par e-mail des rapports d'activité. L'espion n'a plus besoin de se déplacer. Il peut prendre connaissance de l'enregistrement tranquillement installé derrière son propre bureau ou en consultant ses mails depuis un cybercafé.

Il convient de faire preuve d'un minimum de précaution en surfant sur Internet. S'il vous faut répondre à un questionnaire permettant d'accéder à un site et destiné à mieux vous connaître pour vous donner plus ample satisfaction, souvenez-vous de l'adage « On n'est jamais si bien servi que par soi-même » et n'écrivez pas sur le Net ce que vous n'écririez pas au dos d'une carte postale.

Que pensez-vous d'un site qui propose gratuitement de procéder à l'audit de vos logiciels (**www.bsa.org/**) ? Selon le résultat, Business Software Alliance peut solliciter auprès d'un juge une « perquisition » chez le contrefacteur, ou supposé tel, et demander ensuite en justice le versement de dommages-intérêts au profit des éditeurs, et non pas au nom des auteurs du logiciel incriminé. Rappelons que le téléchargement de musique, vidéo, illicite relève de l'article L. 335-2 du code de la propriété intellectuelle. La peine encourue est de trois ans d'emprisonnement et de 45 000 euros d'amende. Attention ! En matière de protection de logiciel, la notion de copie privée n'existe pas.

Le site www.adwarlist.com recense plus de 1 000 logiciels d'espionnage ! Vous trouverez un freeware pour les découvrir et les détruire à l'adresse **http://www.lavasoftusa.com.** Vous pouvez également consulter les sites proposant des « nettoyeurs » de logiciels espions :

- **www.lavasoft.de**
- **www.xblock.com**
- **http://patrick.colla.de/software/spybot&q**
- **www.flowprotector.com.** Il s'agit d'une sentinelle capable de comparer le contenu de votre PC pour y déceler toute modification, et de laisser croire que votre ordinateur est déconnecté du réseau, empêchant ainsi de le tracer.

Avant de télécharger un programme, assurez-vous du site et faites un saut sur Spychecker, une base de données susceptible de se révéler très utile pour vous éviter d'être victime d'un site malveillant.

Le monde du travail n'échappe pas à la curiosité de l'administrateur réseau. Si votre employeur vous donne accès à Internet, les détails de toutes vos connexions (date, heure, site, page consultée, durée de la session, etc.) pourront être enregistrés et analysés pour contrôler votre rentabilité. Si l'employeur a pris la précaution d'avertir le comité d'entreprise de cette éventualité, il pourra légalement utiliser les informations recueillies pour justifier un licenciement. N'allez donc pas visiter certains sites depuis votre poste de travail.

Un arrêt de la cour de cassation datant d'octobre 2001 rappelle que le salarié a droit au respect de sa vie privée et au secret de sa correspondance. Il s'agit d'une tolérance, qui doit rester dans des limites acceptables, limites qui ne sont pas clairement définies. Le responsable informatique peut donc superviser le trafic personnel, mais pas son contenu. Par ailleurs, l'article L. 120-2 du code du Travail énonce : « Nul ne peut apporter aux droits des personnes et des libertés individuelles ou collectives des restrictions qui ne seraient pas justifiées par la nature de la tâche à accomplir ni proportionnée au but recherché. ».

Aux termes de l'article L. 121-8 du code du Travail, « aucune information concernant personnellement un salarié ou candidat à l'emploi ne peut être collectée par un dispositif qui n'a pas été porté préalablement à la connaissance du salarié. »

L'article 226-15 du code pénal sanctionne d'un an d'emprisonnement et de 45 000 euros d'amende « le fait, commis de mauvaise foi, d'ouvrir, de supprimer, de retarder ou de détourner des correspondances arrivées ou non à destination et adressées à des tiers ou d'en prendre frauduleusement connaissance ». Certaines entreprises souhaitent l'introduction d'une double messagerie (professionnelle et privée), afin que la distinction entre les fichiers soit parfaitement établie.

La famille des logiciels de surveillance à même d'épier les employés ne cesse chaque jour de s'agrandir : Little Brother, Boss Everyware (indécelable), Packet Boy (analyse tout ce qui transite sur le réseau). Certains logiciels, comme Back Office ou NetBios, permettent des captures d'écran, l'exploration du disque dur. Rien n'est impossible à des logiciels à la pointe du progrès.

Méfiez-vous des concours, jeux et autres avantages qui sollicitent de trop nombreux renseignements soi-disant anonymes. Vous risqueriez, par votre imprévoyance, d'être victime de sociétés à la recherche de prospects, ou bien d'escrocs. Si vous êtes équipé d'une caméra Web, pensez à sourire, cela sera plus agréable pour les cybercurieux et cyberescrocs qui vous observent et épient le moindre de vos clics !

LES AWARDS DES BIG BROTHERS

Cette parodie des *awards* a été lancée en 1998, en Grande-Bretagne, par l'organisation de défense des droits de l'homme Privacy International, avant d'être reprise aux États-Unis, en Autriche, en Allemagne, en France et en Suisse. Pour l'année 2000, la Rote Fabrik, organisme de culture alternative zurichoise a, devant la soixantaine de personnes présentes, décerné ce prix à des sociétés qui ont su se distinguer par leur mépris du droit de la protection de la vie privée ou par la promotion de la surveillance et/ou contrôle des personnes. Dans la catégorie « État », parmi les 38 nominés proposés *via* le site **www.bigbrotherawards.eu.org**, l'oscar a été attribué à la Suisse pour son système d'écoutes satellitaires SATOS. En 2003, les nominés pour le prix « fouineur » furent l'entreprise de téléphonie Orange® et le conseiller fédéral, pour avoir méprisé le droit à la protection de la sphère privée. La police cantonale est arrivée en deuxième position, pour avoir diffusé une cassette vidéo des casseurs lors du sommet anti-G8. Un juge d'instruction a été honoré de la palme dans la catégorie « Communication ». Il avait ordonné l'utilisation des informations sur les mouvements des détenteurs de téléphones mobiles pour des recherches par géolocalisation.

Sous prétexte de lutter contre ceci ou cela, les contrôles se multiplient et compromettent chaque jour davantage la vie privée. Début 1995, le Conseil européen adopta une résolution légalisant les écoutes téléphoniques, et début 1999, il y engloba toutes les formes de communication (télématique, informatique, optique, radioélectrique), en autorisant la mise à disposition de ces dernières aux services concernés. Il est vrai qu'il y a une contradiction plus qu'apparente entre doter l'État de moyens pour mener sa politique intérieure et afficher une image de nation libérale, capable d'agir en faveur de sa population.

Les États-Unis semblent, avec le projet Carnivore ou DCS1000, vouloir aller encore plus loin dans les interceptions d'e-mails (il en circulerait quotidiennement 2 milliards !). Sans parler de Magic Lantern, qui permet d'implanter un cheval de Troie, et de Dragon, qui épie toutes les conversations téléphoniques effectuées à partir d'un ordinateur. L'amiral John Poindexter, ancien conseiller à la sécurité nationale, a proposé au Pentagone, en mars 2002, de franchir un pas supplémentaire avec un nouveau programme baptisé Total Information Awareness (programme de veille totale). Ce programme tend à constituer une immense banque de données centralisée des échanges financiers. Le bureau de veille totale supervise, entre autres, des projets visant à découvrir et traduire des informations en langues étrangères, à convertir du son en texte, et à relier des renseignements épars et apparemment disparates. L'Europe n'est pas en reste avec l'European Telecommunications Standards Institute. L'ETSI recèle un volet concernant l'interception de toutes les communications véhiculées sur le réseau téléphonique (fixe ou non) et leur regroupement *via* une interface commune. La Grande-Bretagne souhaite, de son côté, voir passer une loi qui lui permettrait d'intercepter les e-mails et autres communications entre les compagnies et les particuliers, et d'obliger tout le monde à déposer les clés utilisées pour crypter les messages. L'Australie ayant autorisé les cyberperquisitions, un policier peut, à distance, explorer le disque dur d'un individu quelconque, et pas seulement d'un criminel.

La cyberjustice commence à pointer le bout de son nez. La procédure engagée sur une requête d'Isabelle Adjani pour prendre possession d'un site Internet s'est déroulée uniquement par échange de courriers électroniques. Les e-mails ont remplacé, auprès de l'Organisation mondiale de la propriété intellectuelle (OMPI), les mémoires des avocats. Bientôt ceux-ci n'auront plus besoin de manier l'art de la rhétorique. La connaissance informatique contribuera encore un peu plus à déshumaniser la justice et à lui ôter toute légitimité.

Dans une société véritablement démocratique (existe-t-elle vraiment ?), un fichier, quel qu'il soit, ne représente un risque que si on l'utilise à des fins auxquelles il n'est pas destiné et par son aptitude à générer un préjudice pour le citoyen. C'est le cas des numéros de téléphone sur liste rouge, que certaines professions libérales facturent 450 euros à leur client. Pour mettre un frein à ce genre de pratique, un projet de loi du ministère de l'Intérieur viserait à interdire à tout fonctionnaire de l'Intérieur de rejoindre une entreprise privée œuvrant dans le domaine de la sécurité pendant une période de cinq ans, durée jugée suffisante pour que les liens corporatistes s'effacent. Ce souci ne date pas d'aujourd'hui. Au XIXe siècle, déjà, Vidocq mettait à contribution sa notoriété et ses relations dans la fonction publique pour obtenir des informations, pratique qui avait poussé le préfet Gisquet, en 1836, à faire rédiger une circulaire invitant les fonctionnaires à cesser toute relation avec les agences privées.

Le projet actuel reprend celui de la loi du 12 octobre 1922 du garde des Sceaux et ministre de l'Intérieur de l'époque, qui tendait à compléter l'article 175 du code pénal en interdisant à tous les fonctionnaires de police de prêter leur concours à des agences privées, et ce pendant les cinq années suivant la cessation de leurs fonctions. Cinq ans plus tard, le préfet Chiappe, à l'occasion d'une note interservice, rappela aux inspecteurs de police qu'il leur était interdit de collaborer, sous quelque forme que ce soit, avec les agences de renseignements privées.

Autre danger, la possibilité offerte à n'importe qui de rassembler des informations éparses à la manière d'un puzzle. Ces renseignements, une fois compilés, pourront être interprétés de manière erronée (source reconstruite), un risque d'autant plus à craindre que les informations sont examinées du haut vers le bas, alors que la constitution d'une base de données s'effectue généralement du bas vers le haut.

La capacité de réunir des informations disparates peut entraîner l'émergence d'un glissement chez certains détenteurs de cette responsabilité, engagés dans des actions propices à une transformation de la société. Un opposant se verra dès lors éventuellement étiqueté comme un agitateur. C'est là toute la question de ce que l'on appelle pudiquement le « contrôle social ». Il ne s'agit plus de savoir où se situent les frontières de la vie privée, mais seulement si les atteintes aux libertés sont acceptables. Ainsi, les écoutes soumises à un encadrement législatif sont-elles pour autant conformes au droit ?

Avez-vous déjà entendu parler de la perception subliminale ? Un décret paru en 1982 interdit l'utilisation des techniques subliminales dans la publicité. Silence, en revanche, sur les autres applications. Des logiciels subliminaux incitent l'utilisateur d'un ordinateur à modifier son comportement, en bien ou en mal, par la diffusion de messages qui apparaissent et disparaissent en moins d'un vingtième de seconde (les lecteurs désireux d'approfondir ce sujet pourront se reporter à l'ouvrage *Le renseignement humain*, du même auteur). Si le programme fonctionne en tâche de fond, l'utilisateur est bombardé de dizaines de milliers d'injonctions. Des messages trop rapides pour être lus, mais d'une durée suffisante pour imprégner le cerveau.

Lors du Salon international des Techniques médicales de 2006, à Düsseldorf (Allemagne), une firme a présenté un ordinateur capable de lire les pensées. Des capteurs posés sur la boîte crânienne enregistrent l'activité cérébrale (principe de l'électroencéphalogramme) et l'interprètent. S'il s'agit d'une technique encore balbutiante, qu'en sera-t-il dans le futur ?

Dans *Le Prisonnier*, une série télévisée des années soixante, un ancien espion, Numéro 6, est retenu captif dans un village où aucun de ses faits et gestes n'échappe aux caméras de surveillance. Il doit, en outré, se soumettre à un contrôle de sa personne, qui le pousse à hurler : « Je ne suis pas un numéro ! »

L'âge du code barres semble révolu, et le mariage des idées de Jules Vernes et d'H.G. Wells en passe de s'accomplir. Après le port du bracelet pour les prisonniers en liberté, mais assignés à leur domicile, ainsi que pour les chômeurs allemands (ne riez pas, c'est sérieux, le ministre de la Justice de la Hesse a proposé d'en équiper les 5 millions de chômeurs, afin de s'assurer qu'ils ne restaient pas à la maison ou au café du coin, au lieu de chercher un emploi), il est question d'implanter une puce « intradermique ».

Une compagnie a lancé un téléphone portable destiné aux enfants, qui permet aux parents de limiter son utilisation à une fenêtre horaire, de connaître les numéros appelés et l'endroit où se trouve l'enfant. Une autre innovation permettra bientôt de nous suivre, de nous localiser, et même de transmettre nos paramètres physiologiques. Le nom de cette « merveille » ? Digital Angel. Une puce insérée directement sous notre peau et alimentée par notre chaleur corporelle sera capable de communiquer les paramètres à la constellation de satellites NAVSTAR qui, à leur tour, se chargeront de renvoyer les informations vers une station au sol. Pour en savoir plus, consultez le site **www.digitalangel.net**. Nous sommes déjà loin de la puce d'identification et de suivi des vaccinations que portent les animaux d'élevage, des zoos ou domestiques. En Australie, des agents du service des pêches ont interpellé un réseau de braconniers après avoir introduit des puces électroniques sous la peau des poissons. Dans *le Meilleur des mondes*, d'Aldous Huxley, qui date de 1932, l'auteur prophétisait que nous aurions à subir l'américanisation du monde, le culte du positivisme de la science, la surveillance de la pensée, de la liberté et, par conséquent, de la liberté d'expression.

Quoi qu'il en soit, des centaines de milliers d'internautes profitent du Web pour acheter leur Viagra®, leur DHEA® ou leurs cigarettes à moitié prix, et ce en contradiction formelle avec les lois en vigueur. Il suffit de saisir sur le clavier « smoking, discount » pour découvrir pléthore de sites spécialisés dans la contrebande. Méfiez-vous, cependant, certains ne livrent jamais la marchandise commandée, mais ne manquent pas d'« empocher » le produit de la commande !

Un étudiant athénien de 19 ans a été surpris, lors d'un examen, en flagrant délit de triche. Il transmettait, à partir de son portable, les photos des questionnaires à des complices situés à l'extérieur. Ces derniers lui retournaient les réponses par téléphone. Il ne s'agit pas d'un cas unique. En Grande-Bretagne, plus de 4 500 candidats à des examens ont été sanctionnées en 2005 pour tricherie, soit une hausse de 27 % comparé à 2004. Onze cents d'entre eux ont été surpris alors qu'ils essayaient de rentrer dans la salle d'examen avec un téléphone mobile. Rien de plus facile, pour les tricheurs, que de glisser des antisèches dans leur portable. D'autres internautes se tournent, en période d'examens, vers des sites révélant des astuces pour tricher et, en cas d'échec, y retournent pour acquérir un diplôme « bidon », mais du plus bel effet. Vous n'avez pas le temps ou les compétences pour rédiger votre mémoire de fin d'études ? Pour une dizaine d'euros, vous pouvez l'acheter en ligne parmi les 12 000 références du site **www.Oboulo.com** ou de son concurrent **www.Oodoc.com.** Vous êtes d'un naturel méfiant ou jaloux ? Optez pour Lover Spy, un programme permettant d'espionner, *via* un simple courriel, l'ordinateur de l'être cher. Vous lui expédiez une innocente carte électronique, et il ne vous reste plus qu'à fouiller dans son courrier pour découvrir l'identité de votre rival(e).

Lors d'un récent sondage en Angleterre, 67 % des femmes (soit deux sur trois) ont avoué avoir déjà espionné leur partenaire, et 58 %, leurs enfants. Une recherche récente menée par la société Symentec a établi que presque deux tiers des femmes regardent régulièrement les SMS et les courriels de leur mari ou partenaire. Les femmes plus fouineuses que les hommes ? Le Web ressemble de plus en plus à une auberge espagnole.

Quelques adresses utiles

- **www.anti-hack.org** (utilitaires pour vous protéger des indiscrets)
- **www.coe.fr** (Conseil de l'Europe et recommandations sur la vie privée)
- **www.prisoft.com** (utilitaires destinés à vous protéger)
- **www.geocities.com/paris/1778/monster.html** (*cookies*)
- **www.insad.com/priv/default_priv.htm** (vie privée)
- **www.multimania.com/uzine**

À propos des sites mentionnés, certains auront peut-être disparu quand vous lirez ces lignes. Les sites Web apparaissent et disparaissent à un rythme rapide. Entre le moment où les adresses ont été vérifiées et celui de votre lecture, des changements ont pu intervenir. Dans ce cas, il vous suffit simplement de lancer une recherche avec le mot-clé pour découvrir les sites en question.

CHAPITRE III

LES COMMUNICATIONS ? MAIS C'EST LE DIABLE !

En 1948, les Soviétiques offrent à l'ambassadeur américain en poste à Moscou, M. Harriman, une réplique du sceau des États-Unis sculptée dans un bois précieux, en remerciement de l'aide apportée par les États-Unis durant la Seconde Guerre mondiale. Ce cadeau sera présenté sept ans plus tard au Congrès de Washington par Henry Cabot Lodge, ambassadeur des États-Unis aux Nations unies, comme étant un dispositif d'écoutes clandestines.

La découverte de ce « bug » (terme signifiant parasite, punaise, qui remonte à 1870, date à laquelle Thomas Edison, l'inventeur du phonographe, l'utilisa dans ses notes ; le terme sera popularisé en 1946 par la mathématicienne Grace Hopper, suite à un dysfonctionnement de l'ordinateur Mark II dû à la présence d'un papillon nocturne dans la machine) qui trônait au-dessus du bureau de l'ambassadeur résulta davantage du hasard que des visites et des contrôles des services de sécurité. Le sceau dissimulait en son sein un micro passif, indétectable en soi puisqu'il ne s'en dégageait aucune énergie.

L'appareil se composait d'un diaphragme qui agissait comme un micro capacitif et qui venait moduler la cavité résonante faisant partie de la self d'accord de l'oscillateur ultra-hautes fréquences. Les Américains expédièrent à leurs homologues britanniques du GCHQ cet appareil au principe de fonctionnement apparemment assez similaire à celui du micro olive Don Britton. Le GCHQ ne tarda pas à en percer le secret. D'un immeuble voisin de l'ambassade, les Soviétiques dirigeaient un faisceau d'ondes sur la fréquence de 330 MHz, ce qui faisait entrer en résonance l'appareil dont toutes les dimensions avaient été soigneusement définies pour un effet optimal. L'appareil émettait alors, en retour, une onde modulée par la voix (principe similaire à celui d'une écoute par rayon laser sur une fenêtre), onde qu'il suffisait aux Soviétiques d'extraire pour connaître la teneur de toutes les paroles prononcées dans le bureau de Son Excellence.

Mais l'épisode ne s'arrête pas là. Dans les années soixante-dix, les Soviétiques émirent de puissants rayonnements vers l'ambassade pour brouiller ses postes d'écoute. En 1976, l'ambassadeur américain Walter Stoessel, en poste à Moscou, dut être rapatrié pour raison de santé et avertit alors le personnel de l'ambassade des risques encourus. Pour éviter les demandes de mutation et la désertification du poste, le State Department gratifia les employés d'une prime égale à 20 % du montant de leur salaire. Cela n'empêcha nullement les couples qui eurent des enfants de voir ces derniers atteints de malformations et, partant, de porter plainte contre le département d'État.

Les autorités procédèrent en 1977, sous prétexte de réaliser une étude médicale, à une vérification du bien-fondé des doléances formulées par les fonctionnaires en poste. Les résultats demeurèrent confidentiels, mais une information faisant état d'un taux anormalement élevé de malformations par rapport au reste de la population filtra. Un fait d'autant plus inquiétant que le prédécesseur de l'ambassadeur Stoessel s'était lui aussi plaint de très fortes radiations. Deux ambassadeurs mourront d'un cancer. C'est d'ailleurs en partie sur les résultats de ces travaux que des citoyens américains décideront de porter plainte contre les fabricants de téléphones cellulaires, et que des associations de consommateurs se pencheront sur ce qu'il est convenu d'appeler l'« électrosmog ».

Jusqu'où peut-on pousser l'indiscrétion ? Nombreux sont les citoyens désireux de comprendre ou d'aborder la technologie pour découvrir comment celle-ci peut tourner à leur désavantage. Une solide compréhension des procédés d'interception des communications, des fraudes et des dangers pour la santé se doit de reposer sur la connaissance des principes qui se trouvent à la base des équipements utilisés. Ce chapitre, qui se veut une aide didactique, s'adresse à tous les néophytes en matière de phénomènes radioélectriques. Il se révélera indispensable au lecteur soucieux de mieux comprendre les méthodes décrites et, pourquoi pas, d'en appréhender de nouvelles. Ces notions s'avèrent très précieuses dès qu'il s'agit de saisir une information parue dans la presse écrite ou télévisuelle, d'obtenir des renseignements manquants, de vérifier ces derniers pour apprécier leur cohérence et leur vraisemblance, toutes ces activités réservant quelquefois de bien curieuses surprises.

C'EST QUOI, LES COMMUNICATIONS ?

La communication est le transfert d'une information signifiante d'un point (source) à un autre (récepteur). La liaison utilisant un canal sert à acheminer le flux d'informations entre l'émetteur et le destinataire. La liaison peut être matérielle (réseau filaire) ou immatérielle (ondes électromagnétiques se propageant sans support particulier ; ondes radio, optiques, voix et son onde mécanique).

Depuis quelques décennies, les distances des lignes de communication s'accroissent, les débits de l'information s'accélèrent, et le maillage des réseaux ne cesse de s'étendre. On parle désormais d'autoroutes de l'information, qui ont fini par constituer l'ossature des sociétés modernes et, en contrepartie, leur talon d'Achille. La nécessité de telles communications peut être illustrée par un service de police secours qui reçoit un appel téléphonique l'avisant d'un accident sur la voie publique (AVP). Aussitôt l'appel reçu, le contrôleur radio demande au véhicule le plus proche de se rendre immédiatement sur les lieux. Ce dernier une fois sur place, un premier compte rendu (CR) est fait par radio, ce qui peut permettre, au besoin, de déclencher immédiatement d'autres secours. Imaginez tout le temps perdu si cela devait s'effectuer sans radio.

Quand l'information est destinée à être comprise par les hommes, elle est généralement transmise sous une forme décelable par ses sens, principalement la vision ou l'audition, faute de quoi il n'y aurait pas reconnaissance de l'information. Cela n'est en revanche aucunement indispensable lorsqu'il s'agit simplement de signaux de contrôle ou de commande à distance.

Les communications utilisent l'énergie électrique pour transmettre l'information à la vitesse de la lumière (300 000 km/s). L'information doit pour cela être convertie de sa forme originelle (acoustique, lumineuse, mécanique) en une énergie électromagnétique, qui sera ensuite acheminée par les fils électriques ou bien véhiculée par des ondes radioélectriques vers un récepteur qui, à son tour, procédera à l'opération inverse : traduire l'énergie électromagnétique reçue en information compréhensible pour une personne. Ainsi, dans la téléphonie, la voix (ondes de pression mécanique) est convertie en signal électromagnétique (à deux composantes, un champ électrique vertical et un champ magnétique horizontal) par l'intermédiaire d'un transducteur appelé microphone, avant d'être véhiculée grâce à l'énergie électrique des fils du téléphone. La voix est ensuite restituée par un écouteur, dont le rôle consiste à transformer le signal électromagnétique en signal acoustique perceptible par notre oreille.

Tout système de communication ayant recours à l'électronique utilise une mise en forme de l'information à l'émission (codage) et à la réception (décodage). Lorsqu'il s'agit d'employer différents flux véhiculaires de l'information, cette dernière doit subir des adaptations visant à satisfaire les contraintes de la nature du support. Tout ordinateur dialoguant avec un autre ordinateur par le biais du réseau téléphonique doit passer par un modulateur capable de transmettre le signal sous une forme compréhensible pour l'autre ordinateur. Parvenu à destination, le signal initial doit être à son tour restitué conformément à l'original. C'est le rôle du démodulateur. D'où le nom de modem, pour modulateur-démodulateur. En principe, le modem consiste en un seul boîtier, chaque fonction se situant à chaque extrémité de la liaison (montante et descendante). La conversion des signaux sous une autre forme sert également à adapter la ligne téléphonique qui ne pourrait, en l'occurrence, véhiculer le signal sans le dénaturer, et à maintenir la compatibilité entre des appareils différents.

La quantité d'informations susceptibles de circuler entre l'émetteur et le destinataire en un laps de temps fixé détermine la vitesse de transfert de l'information. Cette vitesse d'échange dépend du matériel, mais s'avère imposée par la nature de la liaison (paire téléphonique, liaison coaxiale, fibre optique, ondes). Pour que la communication soit possible, c'est toujours l'appareil de la ligne à faible débit qui prévaut. Qui peut le plus peut le moins, l'inverse restant impossible. Certains vendeurs annoncent des débits mirifiques, en oubliant de préciser que dans une liaison duplex, l'une des liaisons travaille à une vitesse moindre. Le chiffre généralement cité par les revendeurs étant celui correspondant, bien évidemment, au débit le plus élevé.

POUR LES TECHNICIENS AMATEURS

Il est tout d'abord indispensable de saisir ce qu'est une fréquence et une longueur d'onde (désignée par la lettre grecque lambda : λ). Pour expliquer cela clairement, prenons l'exemple d'une pierre tombant dans l'eau. Dès qu'elle atteint le niveau du liquide, il se forme à la surface de l'eau des ondes circulaires concentriques, qui se déplacent vers l'extérieur et qui deviennent de plus en plus grandes à mesure que l'on s'éloigne du centre. La distance séparant le sommet de chaque onde (ride sur l'eau) de la suivante équivaut à la longueur de l'onde. Maintenant, si l'on compte le nombre de fois où le sommet de l'onde se déplace pour atteindre un point suivant en une seconde, on mesure la répétition du phénomène, à savoir sa fréquence (ce qui explique les 50 Hz du réseau électrique alternatif). Cette valeur, qui s'exprime en hertz (Hz), du nom du physicien, est bien trop faible pour une utilisation en radio. On lui préfère le kilohertz (kHz, un millier de hertz, 10^3), le mégahertz (MHz, un million de hertz ou cycles par seconde, 10^6), voire plus pour les téléphones portables, qui travaillent sur 900 mégahertz et 1 800 gigahertz (GHz, 10^9).

LE MULTIPLEXAGE

Dans certaines liaisons, la transmission de l'information ne peut s'effectuer que dans un seul sens à la fois. Le destinataire doit attendre la fin de la transmission pour intervenir à son tour. On parle alors de transmission en simplex. Si les deux extrémités peuvent communiquer simultanément, comme cela se passe avec le téléphone, on parle alors de liaison en duplex. Cela ne saurait cependant suffire. La quantité de communications à acheminer ne cessant de s'accroître, l'acheminement d'un plus grand nombre de communications sur le même support ou empruntant le même canal d'information ne tarda pas à poser problème. L'apparition du principe du multiplexage allait permettre à plusieurs communications d'emprunter la même liaison.

Dans le principe multiplex par répartition de fréquence (MRF), chaque liaison se fait dans une bande de fréquence bien précise et qui la délimite, de façon à ne pas empiéter sur la bande voisine. C'est un peu ce que l'on retrouve sur la bande FM : une station émet sur une fréquence qui lui est attribuée, et une autre station émet sur une fréquence voisine, mais sans se chevaucher. Plus le support, matériel ou immatériel présente une bande passante large (étendue), plus on peut y placer des canaux (stations). Nouvelle analogie avec la bande FM commerciale, comprise entre 88 MHz et 108 MHz : si une station FM occupe une largeur de bande de 100 kHz, il sera possible d'y placer 200 stations. Dans le cas, en revanche, de liaisons radiotéléphoniques qui, elles, ne requièrent que 5 kHz, on pourrait en placer 4 000, et encore beaucoup plus s'il s'agissait de la télégraphie.

Prenons, pour notre exemple, 12 paires ou lignes d'abonnés véhiculant les conversations dans la bande comprise entre 300 Hz et 3,4 kHz, et qui, en accord avec les règlements internationaux, s'adaptent à une largeur de bande de 4 kHz afin d'éviter toute interférence entre communications voisines (diaphonie). La première paire (ligne) reçoit une porteuse de 8,14 kHz qui se trouve, de fait, modulée par les paroles échangées, d'où l'apparition d'une porteuse résultante présentant deux bandes latérales situées de part et d'autre de la fréquence centrale (principe de la bande latérale unique). Il y a donc, là aussi, existence d'une bande inférieure et d'une bande supérieure. On génère ensuite une deuxième porteuse, mais décalée de plus 4 kHz, ce qui a pour effet d'entraîner l'apparition d'une nouvelle modulation résultante. Pour que la bande inférieure n'interfère pas avec la bande latérale supérieure de la porteuse précédente, un filtre passe-bande permet de supprimer la bande latérale inférieure et de ne conserver que la bande supérieure. On répète cette opération jusqu'à épuisement des 12 paires indépendantes, et toujours par incrément de 4 kHz. On a ainsi l'équivalent de 12 paires indépendantes, réparties uniformément de 8,14 kHz à 8,188 kHz. Toutes ces fréquences passent ensuite par un amplificateur commun, ce qui produit un seul signal en sortie, somme de toutes les fréquences comprises entre 8,14 kHz et 8,188 kHz. Il faut ensuite « démêler » ce signal par l'intermédiaire de filtres passe-bas (ne laissant passer que les fréquences au-dessous d'une fréquence de référence), capables d'extraire les fréquences contenant les 12 communications initiales (de 60 à 108 kHz), communications que l'on est alors en mesure de restituer avec un filtre passe-bande qui, lui, ne laisse passer que les fréquences se rapportant à chaque voie. Ainsi, pour le canal 1, le filtre laisse passer uniquement les signaux de 60 à 64 kHz, alors que pour le canal 2, il laisse passer seulement les signaux compris entre 64 et 68 kHz, etc., jusqu'au canal 12, dans notre exemple. Après chaque filtre se trouve un oscillateur local, chargé d'émettre une fréquence de référence parfaitement calibrée et accordée sur la même fréquence que l'oscillateur de la voie initiale. Cela crée une porteuse modulée (tonalité), dont il ne reste qu'à supprimer la composante résultante et indésirable pour en extraire la modulation initiale.

Le câble assurant une telle liaison multiplex est un câble coaxial, c'est-à-dire formé d'un conducteur central isolé et ceint d'un conducteur concentrique. Ce câble permet le passage de fréquences élevées et garantit une bonne immunité contre les parasites. Comme un câble coaxial peut véhiculer une fréquence bien supérieure à 108 kHz, le procédé de multiplexage en fréquence peut atteindre plusieurs milliers de canaux combinés en supergroupes. C'est le principe des câbles sous-marins.

Le multiplexeur est un « nœud » par lequel transitent tous les circuits. L'interception des communications transitant par un système, national ou privé (PBX), n'est guère à la portée du « particulier », contrairement à ce que certaines émissions peu informées ont diffusé sur leur chaîne. Poser une « écoute » sur un multiplexeur n'est pas aussi aisé que d'aucuns voudraient le faire croire.

Il existe un autre principe permettant également à plusieurs communications d'utiliser un seul et même canal, mais avec une bande passante réduite : le multiplexage par répartition de temps (MRT), qui repose sur l'échantillonnage de l'information. On prélève, à chaque laps de temps déterminé et pendant une durée très brève, un échantillon du signal que l'on transmet, et on passe à la communication suivante. Le cycle se répète autant de fois qu'il y a de communications. Comme la permutation s'effectue très rapidement, le destinataire ne remarque pas le passage d'une communication à une autre et qui ne lui est pas destinée.

LA DIGITALISATION DE LA PAROLE

Les communications digitalisées (données numériques) peuvent s'acheminer simultanément sur une seule et même ligne ou paire. Dans l'échantillonnage, on prend en compte l'amplitude instantanée du signal analogique, et ce à des moments bien précis, déterminés et calibrés par la fréquence d'échantillonnage. Les travaux de Shannon et Nyquist ont démontré qu'avec une vitesse d'échantillonnage deux fois supérieure à la fréquence la plus élevée (dans notre cas, 3,4 kHz), il n'y a pas de perte significative de l'information à transmettre.

Nous avons déjà évoqué ce principe, mais peut-être n'est-il pas tout à fait inutile, pour ceux qui veulent toujours en savoir plus, de l'approfondir. Les autres passeront outre cette explication, sans pour autant compromettre la suite de leur lecture. Supposons que l'on adopte un codage sur 8 bits. Cela correspond déjà à 256 niveaux distincts par unité de temps échantillonnée. En téléphonie, on se contente donc de 8 kHz, ce qui équivaut à un échantillonnage toutes les 125 millisecondes (1/8 000). Pour faire transiter sur une même ligne une trentaine de voies téléphoniques digitalisées, il suffit de procéder à des décalages appropriés des moments d'échantillonnage. On parle de modulation par impulsions codées (MIC 32 voies). Chacune des conversations utilise la ligne pendant 1/32 du temps, ce qui s'apparente à la transmission de données par paquets en temps partagé. Pour transmettre 32 communications échantillonnées à 8 kHz, et ce avec 8 bits, il faudra une liaison d'une bande passante de 2,048 mégabits (8 000 x 8 x 32). Ce principe de l'échantillonnage se retrouve à la base du son numérique des CD. Plus le nombre de bits sera élevé, meilleure sera la qualité du son. Pour information, en acoustique numérique, l'échantillonnage s'effectue généralement à 22,05 kHz, et à 44,1 kHz sous 16 bits.

L'interception d'une telle liaison est un peu plus délicate que les classiques interceptions téléphoniques. L'emploi d'un démodulateur sur bus dit « IEEE » (norme Electrical and Electronics Engineers) permet la démodulation des canaux télégraphiques multiplexés en fréquence, voire d'intercepter des données en multiplexage par répartition de temps. Rien n'empêche un État ou un particulier d'acquérir du matériel dédié à ces tâches. Plusieurs sociétés vendent des systèmes d'interception numérique gérés par ordinateur.

Bandes de fréquences

Dans notre introduction, nous avons mentionné que l'émetteur passif opérait sur une fréquence proche des 300 MHz. Il s'agit de l'extrême limite de la bande des VHF (*very high frequency*), qui s'étend de 30 à 300 MHz, et de la bande UHF (*ultra high frequency*) qui, elle, s'étend de 300 à 3 000 MHz.

BANDES DE FRÉQUENCES	DÉSIGNATION	UTILISATION
3 - 30 kHz	VLF (*very low frequency*)	militaire (sous-marin)
30 - 300 kHz	LF (*low frequency*)	navigation
300 - 3 000 kHz	MF (*medium frequency*)	radiodiffusion
3 000 - 30 000 kHz	HF (*high frequency*)	liaisons internationales
30 - 300 MHz	VHF (*very high frequency*)	télévision/com
300 - 3 000 MHz	UHF (*ultra high frequency*)	TV, téléphonie
3 000 - 30 000 MHz	SHF (*supra high frequency*)	micro-ondes
30 000 - 300 000 MHz	EHF (*extra high frequency*)	
30 - 300 GHz		
300 - 3 000 GHz	ondes lumineuses	

Nos mesures une fois définies, il est possible, pour ces fréquences, de calculer la longueur d'onde correspondante, égale à 300 divisés par la fréquence en mégahertz. Ainsi, la bande 30-300 MHz correspond à une bande comprise entre 10 et 1 m (une station commerciale sur bande F.M. de 100 MHz correspond à une longueur d'onde de 3 m), tandis que la bande 300-3 000 MHz s'étend de 1 m à 10 cm. On parle parfois d'ondes centimétriques. Tel est principalement le domaine d'application des radars, des faisceaux de communication hertziens, des communications et capteurs des satellites.

Ces bandes de fréquences présentent un inconvénient comparé à la HF (haute fréquence) : les liaisons ne peuvent s'établir qu'à courte distance. Un phénomène lié à la rotondité de la Terre et au fait qu'il s'agit d'une onde qui, par conséquent, ne subit pas l'influence de la gravité terrestre. Cela signifie qu'elle se déplace en quasi-ligne droite, comme le ferait le pinceau lumineux d'un phare. On parle d'ailleurs, pour ces fréquences, de portée optique. Les ondes lumineuses ne sont-elles pas des ondes électromagnétiques s'étendant des infrarouges lointains aux ultraviolets, la bande visible se situant entre 700 et 400 nanomètres ? En deçà se trouvent les rayons X, gamma et les micro-ondes, très utilisées par les satellites de « surveillance ». Dans la réalité, on peut espérer une portée légèrement supérieure, car il s'agit d'une liaison troposphérique offrant une légère inflexion de l'onde. La portée d'une telle liaison radio dépend en grande partie de la hauteur de l'antenne au-dessus du niveau du sol. Ce qui peut sembler un désavantage permet à plusieurs émetteurs, profitant de leur éloignement géographique, de trafiquer sur la même fréquence et sans interférences entre les différents réseaux. Ils ne sont pas influencés les uns par rapport aux autres. Ce principe est d'ailleurs mis à contribution dans le réseau de télévision. Plusieurs stations peuvent occuper le même canal, pour peu que les réémetteurs soient suffisamment éloignés les uns des autres. Cet aspect n'est pas sans poser un problème pour l'emploi des puces RFID (Radio Frequency Identification). En effet, elles utilisent des fréquences comprises entre 860 et 960 MHz, plage adoptée, en Europe, par certains pays pour leurs liaisons militaires. La Grande Muette ne sera pas sourde.

LE RÉSEAU WI-FI

On rencontre le même principe avec les réseaux Wi-Fi (Wireless Fidelity), qui travaillent sur la bande des 2,4 GHz, WLAN (Wireless Local Area Network), et les *hotspots*, ces bornes émettrices situées le plus souvent dans les lieux publics (gares, aéroports, hôtels), qui permettent aux internautes de surfer en s'affranchissant d'une liaison filaire. Il suffit d'un serveur relié à l'ordinateur équipé d'une carte et d'une borne ADSL (Asymetric Digital Subscriber Line) pour établir la communication. Contrairement à un signal analogique, facile à rendre audible, le captage d'un signal numérisé (digital) nécessite l'emploi d'un récepteur numérique. En raison du multiplexage, l'interception du signal s'avère un peu plus délicate, mais demeure possible. On comprend maintenant l'intérêt de ces bandes de fréquences pour les réseaux hertziens et celui de leur exploitation par les satellites de communication et d'espionnage.

En ce qui concerne le Wi-Fi, qui devient de plus en plus populaire chez les particuliers, les entreprises et les *lamers* (apprentis pirates) pour relier plusieurs ordinateurs en réseau, il faut absolument empêcher les personnes non autorisées d'y accéder. Ceci grâce à une carte NIC (Network Interface Card) et selon le protocole WEP (Wired Equivalent Privacy). Certains hackers peuvent en percer le code et procéder à une intrusion sur votre réseau, ou bien utiliser votre ordinateur comme tête de pont pour commettre un cyberdélit. La police remontera alors jusqu'à vous !

Le *wardriving* consiste, en disposant d'un portable et d'une carte Wi-Fi, à se promener dans les parages d'un ordinateur relié au réseau pour en utiliser l'accès. Selon l'emplacement de l'émetteur et le type de construction, la portée peut atteindre 300 m, voire 400 m dans des conditions particulièrement favorables. Certains hackers font même une marque à la craie ou un tag pour signaler le spot à leurs homologues. Deux parenthèses opposées et accolées, soit)(, signifient « réseau ouvert » ; un cercle, « réseau fermé ». Un « w » tracé au centre du cercle indique pour sa part que votre réseau est mal protégé. Conclusion, si vous découvrez l'une de ces marques à proximité de votre bureau, effacez-la immédiatement et vérifiez votre système.

CHAPITRE IV

LE TÉLÉPHONE

Dans les années soixante, le MI5 britannique installa au sein de l'ambassade de France à Londres une « bretelle » afin d'intercepter les communications diplomatiques françaises. Cette dérivation lui permit de connaître les intentions du général de Gaulle quant à l'entrée de la Grande-Bretagne dans le marché commun. Les informations recueillies furent également communiquées aux États-Unis.

Il s'agit là d'un acte que l'on pourrait qualifier d'« habituel » pour cet État (et bien d'autres). Dès le début de la Première Guerre mondiale, le bureau anglais chargé du décryptage des communications allemandes eut l'idée de faire procéder au cisaillement des câbles téléphoniques sous-marins allemands. Cela eut pour conséquence de rediriger l'acheminement des communications allemandes vers un autre câble passant et contrôlé par la Grande-Bretagne. Cet avatar obligea également la *kriegmarine* (marine de guerre) à utiliser ses liaisons radioélectriques, radiocommunications interceptées par les radioamateurs. Ces attaques de « bonne guerre », si l'on peut dire, se répéteront à plusieurs reprises et, de nos jours, de telles pratiques sont loin d'avoir totalement disparu.

La téléphonie repose sur une technologie rudimentaire. Il suffit d'un micro, d'une batterie et d'un écouteur pour véhiculer la voix sur une paire (fils). On peut donc intercepter la communication en n'importe quel point de la ligne. Dans le cas d'un téléphone de campagne utilisant le sol comme masse, un seul fil permet d'acheminer la communication, le « bouclage » s'effectuant par la « terre ». Les poilus de 14-18 connectaient une extrémité d'un fil à deux conducteurs au fil du téléphone de campagne allemand, et l'autre à une baïonnette fichée dans le sol.

Les télécommunications nous paraissent aujourd'hui quelque chose de banal, mais ce transport de la voix à distance ne fut possible qu'avec l'électricité. À l'origine du téléphone, il suffisait de relier chaque appareil l'un à l'autre pour obtenir un abonné à travers ce qu'on appellerait maintenant un réseau privé. Le téléphone commençant à se répandre, il devint bientôt impossible de relier tous les abonnés entre eux. Chaque abonné fut relié à un central faisant office de commutateur manuel. Pour obtenir un numéro, l'abonné demandait à la demoiselle des Postes de le mettre en communication avec son interlocuteur. Cela se produisait moyennant l'insertion d'une fiche manuelle correspondant à la ligne de l'abonné demandé.

De nos jours, les choses ont bien changé. On estime à 20 milliards le nombre de communications téléphoniques établies quotidiennement à travers le monde. La ligne de chacun des 30 millions d'abonnés français au téléphone est reliée à l'un des 6 000 centres locaux de rattachement (CLR), eux-mêmes connectés aux 1 500 centres à autonomie d'acheminement (CAA) qui sont en liaison avec une cinquantaine de centres de transit secondaires (CTS), reliés à leur tour à une dizaine de centres de transit régionaux (CTR). Le central, qui comprend plusieurs sections reliant les abonnés au réseau, se situe généralement à quelques kilomètres de l'abonné. Chaque abonné a un numéro qui l'identifie et qui correspond à : l'opérateur, la zone, le département, le central. Le réseau doit donc reconnaître le numéro qui appelle et le numéro appelé. Les circuits ont pour fonction d'instaurer les contacts indispensables à l'établissement de la communication. L'exploitation en semi-automatique a été développée pour améliorer le rendement des circuits interurbains et s'affranchir des opératrices. L'exploitation automatique intégrale favorisera quant à elle la rapidité d'établissement des communications, la commodité d'emploi et l'amélioration de la qualité du signal transmis.

À l'état de repos, la ligne téléphonique est alimentée par un courant continu de 48 V, tension qui tombe à une dizaine de volts lors de la prise de ligne. Cette chute de tension ferme un relais et indique au central de quel abonné il s'agit (principe à l'origine du piratage en maintenant une tension de ligne à 48 V). S'ensuit l'émission d'une tonalité d'invitation à numéroter (480 Hz). La numérotation par cadran procède par coupure et rétablissement du courant (rupture de ligne, comme le morse), ce qui permet d'acheminer le numéro vers le central. Le central est alors en mesure de connaître la zone, le département, le centre de rattachement et, enfin, l'abonné désigné. La ligne une fois établie, un courant alternatif d'une centaine de volts, modulé (440-480 Hz), active la sonnerie, invitant le destinataire de l'appel à décrocher son combiné. Si la ligne est occupée, l'appelant entend en retour une tonalité (480-620 Hz) d'occupation de ligne. Quand l'un des interlocuteurs raccroche, la ligne est déconnectée du central duquel il relève.

L'établissement des connexions s'effectuait, il y a encore quelques années, par un système dit « crossbar ». Il s'agissait en fait d'une matrice de relais chargés d'établir les contacts. Ce principe existe toujours, mais uniquement dans les pays reculés. Dans les pays modernes, les relais ont été remplacés par la commutation par ordinateur. Plus besoin d'aller au central pour installer une écoute officielle. Un simple code pianoté sur le clavier suffit.

Dans les sociétés d'une certaine importance, les appels transitent par le Private Branch Exchange (PBX). Ce standard est un autocommutateur privé, qui assure la sélection directe à l'arrivée (SDA) de l'appel entrant et qui se charge d'établir la communication avec le poste appelé. Ce dispositif permet d'atteindre un correspondant sans passer par le standard. En principe, le nombre de lignes privées est inférieur au nombre de postes. On suppose que tous les postes ne communiquent pas au même moment. Pour passer par un standard capable de rediriger la communication, le numéro doit posséder quelques chiffres significatifs servant à différencier le poste. Ce sont, d'ordinaire, les quatre derniers. La communication inter-réseaux reste également possible. Un poste peut en appeler un autre en interne. Pour sortir, il faut généralement composer le 0 pour obtenir la ligne. Les standards gérés par informatique offrent des fonctions supplémentaires : reroutage d'un poste occupé, mise en attente, filtrage des appels, blocage de certains numéros, journal indiquant les dates et les heures des appels émis et reçus. Dans les petites sociétés, on utilise un système beaucoup plus simple, qui évite de recourir à un standard coûteux. Les postes sont simplement interconnectés entre eux. Aucune confidentialité ne peut alors exister.

La numérotation par système à tonalités est quelque peu différente. Chaque chiffre est désigné par l'intersection de deux tonalités servant à localiser le numéro de rang et de colonne de la matrice. Ces tonalités sont à leur tour reconnues par le central, mais elles peuvent tout aussi bien activer une autre fonction (répondeur interrogeable à distance, etc.), voire servir à déclencher un micro espion (micro harmonica), une bombe dissimulée dans l'appareil ou reliée à la ligne, ouvrir le micro de votre portable à votre insu, donner accès à votre boîte vocale, etc., et ce pour encore mieux vous espionner.

À propos des téléphones portables, si les suiveurs de mode changent d'appareil dès qu'une nouvelle fonction apparaît, les électroniciens récupèrent de leur côté les anciens modèles. Certains se négocient à 2 000 euros. La raison ? Ils peuvent recevoir une puce « maison » dédiée à une application particulière, ou servir de mouchard. Les anciens Nokia, par exemple, sont employés en remplacement d'un micro harmonica. Il suffit d'« oublier » l'appareil quelque part pour prendre connaissance de la conversation. En effet, lorsque ce modèle reçoit un appel, il ne sonne pas et ne s'allume pas. Il se contente de décrocher et de retransmettre les conversations captées par son micro. Un ancien type d'appareil de la marque Motorola connecté à un ordinateur permet d'intercepter les communications en créant une véritable cellule virtuelle ! Avec l'accès aux connaissances, le cyberespionnage devient effectivement à la portée de tous.

Nous savons qu'une conversation téléphonique (300 Hz à 3,4 kHz, environ) n'occupe pas toute la bande passante autorisée par la ligne. Les plages comprises entre 0 et 300 Hz, et au-delà de 3,4 kHz sont libres, d'où la possibilité d'en utiliser une partie. C'est le principe de la téléphonie dite « hors bande », mise à profit pour véhiculer un signal particulier et activer ainsi un service ou une application dédiée à une fonction particulière. Cet espace dans la bande pourra par exemple être affecté à des liaisons par téléimprimeur, xDSL. Dans ce cas, les signaux transmis emploient le même vecteur, mais sans interférer avec les autres canaux.

LES *PHREAKERS*

Ce principe de l'utilisation des tonalités a d'ailleurs été à l'origine de nombreux cas de piratage et détournement de services. Le plus célèbre demeurant un pirate surnommé « capitaine Crunch ». Chaque boîte de céréales de la marque renfermait, dans les années soixante, un sifflet. Or, ce sifflet produisait une excellente tonalité sur une fréquence de 2,6 kHz. Un jeune technicien radio de l'US Air Force (USAF) découvrit qu'avec ce sifflet, il pouvait s'introduire dans les réseaux téléphoniques. Il lui suffisait de composer un numéro longue distance (LD), puis de souffler dans le sifflet, dont la tonalité avait pour effet d'interrompre immédiatement la conversation, tout en maintenant la ligne ouverte et en permettant ainsi d'atteindre un autre abonné sans avoir à débourser le moindre cent. Le stratagème du « capitaine Crunch » dura plusieurs années. Il avait lancé l'ère des *phreakers*.

À l'époque des téléphones publics fonctionnant avec des pièces de monnaie, les *phreakers* (pirates téléphoniques) employaient un gadget surnommé « *red box* » (boîte rouge). Il s'agissait d'un générateur de tonalité, dont il suffisait de changer le cristal (quartz) pour modifier la tonalité. La tonalité émise imitait alors parfaitement le bruit d'une pièce tombant dans l'appareil et leurrait ainsi le système de taxation. La *blue box* (boîte bleue) accordait pour sa part des privilèges en principe réservés à l'opérateur. Le fameux pirate informatique Kevin Mitnick a débuté ses activités par le *phreaking*.

Suivant le même principe, certains *phreakers* sont parvenus à remplacer le message sur le répondeur de la cour d'appel de Paris et à prendre connaissance des messages figurant dans les boîtes vocales personnelles. D'autres petits malins, sous prétexte de vérifier à distance la ligne de l'abonné, demandaient à ce dernier d'activer les touches 90# de son téléphone et de raccrocher. En réalité, cette séquence maintenait la ligne ouverte, et les pirates pouvaient dès lors téléphoner sur le compte de l'abonné. D'autres tonalités spécifiques permettent de prendre le contrôle du trafic, d'écouter les communications, etc. Pour placer une personne sous écoute, les techniciens n'ont plus besoin de se rendre au central et de procéder à la pose d'une réglette de dérivation. Il leur suffit de pianoter un code sur l'ordinateur. Tout se fait à distance. Des bévues peuvent cependant survenir. Un ami a eu la surprise, alors qu'il avait correctement composé le numéro d'un membre de sa famille, de se retrouver en communication avec Matignon !

Toutes les nouvelles fonctions offertes par la téléphonie intéressent au premier chef les services de police. Avant cette percée technique, ces derniers avaient recours, pour tracer un appel, à un générateur multifréquence qui maintenait la ligne ouverte, laissant croire à l'appelant que son appel était bien acheminé. En réalité, ce dispositif servait à tracer l'origine de l'appel (principe du *signal tracer*). Les personnes dûment informées savaient utiliser Aqua, qui permettait de procéder au rééquilibrage de la ligne téléphonique et, ainsi, déjouer certaines écoutes.

LES FAISCEAUX HERTZIENS

En raison de la propagation en ligne droite des micro-ondes, une liaison par faisceau hertzien permet uniquement d'acheminer les communications « à vue » sur quelques dizaines de kilomètres. En revanche, avec les UHF (*ultra high frequency*), il est possible de bénéficier d'une liaison à très grande capacité et à haut débit.

Le faisceau hertzien n'est pas omnidirectionnel, mais concentré dans un «pinceau» privilégiant une direction. Il est envisageable, grâce à des antennes paraboliques, de focaliser les ondes émises et reçues. Précisons qu'à côté du faisceau principal, il existe ce que l'on appelle des lobes secondaires. Ce sont ces lobes secondaires d'une puissance 1/000 fois inférieure au lobe principal que peuvent intercepter les satellites espions comme Rhyolite.

Le multiplexage généralement adopté pour la transmission des ondes radio est le temps partagé. Pour en comprendre le fonctionnement, il suffit de se rappeler le principe du dessin animé. Un dessin animé se constitue d'une suite d'images immobiles, et l'impression de mouvement dérive de leur succession rapide. De la même façon que notre œil restitue le mouvement, notre oreille percevra un son continu, et ce même si celui-ci est délivré par « saccades ». Cela n'est possible qu'à condition de respecter la loi de Nyquist déjà évoquée, qui veut que la cadence de chaque interruption périodique soit au moins égale au double de la fréquence la plus élevée à transmettre.

LES TÉLÉPHONES PORTABLES

Lors de l'apparition des radiotéléphones RADIOCOM 2000, tout le monde pouvait, avec un scanner, intercepter leurs communications. Il ne s'agissait pas encore de téléphones portables, mais de téléphones mobiles. Le point de départ du téléphone portable, tel que nous le connaissons, remonte à 1991, date à laquelle la France et l'Allemagne décidèrent d'adopter une norme numérique qui allait donner naissance au GSM (Global System for Mobile Communications). Les pays comme les États-Unis et le Japon préféreront proposer une norme par opérateur. Ce phénomène, qui a aussi commencé à se manifester en Europe, a bien failli entraîner des problèmes de compatibilité entre les réseaux des différents opérateurs.

Pour garantir aux téléphones portables la couverture du territoire, chaque portion de ce dernier est divisée en cellules, chaque cellule étant connectée à un relais de faible puissance. Un principe qui, en raison des fréquences exploitées (900 et 1 800 MHz), permet de multiplier les relais et d'employer les mêmes fréquences, à condition toutefois que les relais opérant sur des fréquences identiques soient suffisamment éloignés les uns des autres. Toutes les cellules aboutissent à des centraux appartenant aux opérateurs, d'où le signal repart pour être acheminé vers le réseau. Dès que l'utilisateur d'un portable change de cellule, dont la couverture peut s'étendre, selon le relief et la densité de la population, de quelques centaines de mètres à une trentaine de kilomètres, la fréquence d'émission change. Ce changement est géré par des ordinateurs et reste « transparent » pour l'utilisateur. Il est donc possible de connaître l'endroit où le portable se trouve.

Pour joindre l'abonné d'un téléphone portable, il faut que le réseau sache en permanence dans quelle cellule il se situe. Le téléphone portable ne peut donc, en attente d'un appel, être passif. De temps en temps, le téléphone en veille échange des informations avec le réseau, afin de signaler sa présence et sa position. Le portable permet dès lors de suivre à la trace (géolocalisation) son détenteur. Certains utilisateurs pensent qu'en changeant de carte, le numéro ne sera plus traçable. Rien de plus faux ! Il est possible de tracer un portable grâce à son numéro International Mobile Equipment Identity (IMEI), l'équivalent du GUID de certains microprocesseurs. C'est donc bien l'appareil lui-même qui est tracé, pas seulement le numéro d'abonné.

On parle souvent des écoutes, mais rarement de la géolocalisation. Supposons que l'on surveille votre appareil. Il est possible, à n'importe quel moment, de savoir où vous vous trouvez, mais également d'identifier tous les autres appareils qui se trouvent dans la même zone de couverture et, ainsi, avoir une chance de découvrir votre contact. Je suis par conséquent en mesure de « savoir » qui vous avez été susceptible de rencontrer ! Cette localisation du portable est systématique et peut être activée en continu par les services de sécurité ! Tel n'était pas le cas, en revanche, avec le Bi-Bop fonctionnant par transmission analogique. Une communication qui n'aboutissait pas était renvoyée sur une messagerie interrogeable à distance. Cela ne faisait pas l'affaire des services, aussi l'appareil et sa technologie n'ont-ils pas tardé à disparaître.

Encore plus fort. Savez-vous qu'il est possible, grâce à un code informatique, d'activer à distance un portable en mode écoute (principe du micro harmonica), et ce à l'insu de son détenteur ? Il devient alors envisageable de capter tous les sons et paroles situés à proximité du micro du portable. Quand le portable est posé sur la table, peut-être qu'une oreille indiscrète suit elle aussi les propos échangés.

Ces quelques explications assez techniques, mais fondamentales, permettent de comprendre comment les terroristes responsables de l'attentat de Madrid et qui ont utilisé un portable ont pu être « tracés » à travers l'Europe. L'opération répondant au nom de code « Mont-Blanc » commence par hasard en avril 2002, avec l'interception d'une communication qui ne dura que quelques instants, sans qu'un mot ne soit échangé. Pour les « oreilles », il ne pouvait s'agir là que de terroristes méfiants. La découverte d'une marque de puce particulière suffira pour traquer ces réseaux proches de la nébuleuse d'Al-Qaida. La puce (Subscriber Identity Module, ou SIM) était vendue anonymement par Suisscom, d'où le choix des terroristes qui, heureusement, ne savaient pas tout des finesses de l'interception des téléphones portables. Certains changeaient régulièrement de téléphone, pensant ainsi déjouer les services d'interception, mais se contentaient de placer la puce sur un autre appareil. Ils ignoraient que l'écoute vise parfois aussi le numéro de l'appareil. Grâce à cette technique, qui permet de dresser rapidement une carte des relations *via* les appareils appelés, plusieurs arrestations auront ensuite lieu un peu partout en Europe.

Avez-vous pensé à noter l'IMEI, le numéro de 15 à 18 chiffres, véritable numéro d'identité, de votre portable ? Il vous servira, en cas de vol, à le faire « bloquer ». La banque de données européennes est en cours d'achèvement à Dublin (Irlande) et devrait permettre de bloquer tous les portables dérobés à leur propriétaire. Pour connaître votre numéro, tapez *#06#. En cas de vol ou de perte, faites bloquer la carte SIM et l'appareil auprès de votre opérateur, puis portez plainte à la police en lui communiquant l'IMEI.

LES ÉCOUTES ADMINISTRATIVES

Après la Seconde Guerre mondiale, les autorités de notre pays purent utiliser les installations qui avaient servi à la Gestapo pour ses écoutes. La Ve République mettra en place, au début des années soixante, un organisme chargé de contrôler les écoutes administratives : le Groupe d'interception et de communication (GIC), placé sous l'autorité du Premier ministre.

De nos jours, les Postes et Télécommunications louent à la Justice des lignes spécialisées (LS) pour les écoutes téléphoniques judiciaires. Le citoyen sera satisfait d'apprendre que ces lignes sont louées à un prix d'abonnement bien supérieur à celui payé par le particulier. Ensuite, c'est le Trésor public qui règle les factures pour l'achat ou la location du matériel, et les branchements de chaque ligne mise sous écoute. Une écoute ordonnée par un juge d'instruction revient à près de 500 euros par mois, voire plus pour les portables !

La Commission nationale de contrôle des interceptions de sécurité (CNCIS) se doit de vérifier la raison et la légalité d'une demande d'écoute par les services relevant principalement : du ministère de l'Intérieur (PJ, RG, DST), de la Défense (GN, DGSE, DPSD), et du ministère du Budget (Douanes et administration fiscale). Le coût d'interception d'un mobile avoisine les 700 euros. Les écoutes de portables représentent aujourd'hui plus du tiers des interceptions. Ajoutons à cela que les opérateurs privés ne font pas preuve d'une alacrité particulière pour satisfaire les services demandeurs, et que ces derniers craignent le risque d'une fuite, un risque toujours plus à redouter avec le personnel civil.

LES INTERCEPTIONS ET LA LOI

La loi de 1991 (modifiée par la loi Perben) précise que les interceptions sont ordonnées par un juge d'instruction, et non par le parquet, à condition que la peine encourue soit égale ou supérieure à deux ans d'emprisonnement. La durée de l'écoute, limitée à quatre mois, est renouvelable. Les enregistrements doivent ensuite être placés sous scellés et conservés jusqu'à expiration du délai de prescription de l'action publique, avant d'être détruits. En fait, pour bon nombre d'écoutes non suivies d'action, les bandes ne sont conservées que dix jours, puis recyclées pour un nouvel usage. En outre, les procès-verbaux de transcription doivent concerner uniquement la partie de la correspondance utile à la manifestation de la vérité et être versés au dossier, dont chacune des parties pourra prendre connaissance. Si le P.V. de transcription a été détruit à l'expiration du délai prévu par la loi, il faut savoir qu'il existe bien souvent des copies de fiches dans les tiroirs des fonctionnaires.

Les motifs justifiant une demande d'interception sont les suivants :
- sécurité nationale ;
- sauvegarde du patrimoine scientifique et industriel ; économie de la France ;
- prévention du terrorisme ;
- prévention de la criminalité et de la délinquance organisée.

Ce dernier point vise les infractions prévues par la commission Schmelk et concerne principalement : l'Office central de répression du banditisme (OCRB), l'Office central de répression de la traite des êtres humains (OCRTH), l'Office central pour la répression du faux monnayage (OCRFM), l'Office central de répression du trafic illicite de stupéfiants (OCRTIS), l'Office central pour la répression du vol d'œuvres d'art (OCRVOA), l'Office central de répression du trafic d'armes, explosifs, produits NBC (OCRTAE), l'Office central de répression de la grande délinquance financière (OCRGDF). En fait, cela englobe les délits visés par les articles du code pénal : 222-35, stupéfiants ; 224-3, enlèvement ; 225-8, proxénétisme ; 311-9, vols ; 312-6, extorsion ; 313-2, escroquerie ; 321-2, recel ; 322-8, attentat ; 422-2, fausse monnaie.

Les interceptions administratives dites « de sécurité » ne seront autorisées par le Premier ministre qu'à titre exceptionnel et pour d'impérieuses raisons de sécurité. S'agissant d'interceptions préventives, à savoir en l'absence de toute infraction à la loi, elles demeurent secrètes. Leur nombre est limité, et pour l'année 1997, elles ont concerné 1 200 lignes, dont 232 faisant l'objet d'une écoute du ministère de la Défense, 928 du ministère de l'Intérieur, et 20 de l'administration fiscale. Le contrôle du contingentement des écoutes s'effectue quant à lui chaque semaine.

CHAPITRE V

POUR LES TECHNICIENS EN HERBE

La télégraphie est l'équivalent électrique du tam-tam. L'opérateur établit et coupe le passage du courant (énergie électrique) dans un circuit selon un rythme (protocole) prédéfini. C'est le principe du code Morse, dont le circuit rudimentaire peut se composer d'un manipulateur, d'une source d'énergie (batterie) et d'un buzzer sonore. Pour transmettre la lettre A, l'opérateur presse un bouton (le manipulateur) durant une période très brève, avant de le relâcher pour le presser de nouveau durant une période plus longue. Ce faisant, il permet le passage du courant (énergie) selon le rythme point/trait correspondant à la lettre A du code Morse. Une pause un peu plus longue permet de séparer les lettres et les mots entre eux.

La capacité du télégraphe manuel était, à l'origine, d'une dizaine de mots. La vitesse s'améliora avec l'apparition du télégraphe automatique (point d'une durée de 1/25 s, trait, de 1/75 s), et s'accrut encore avec l'informatique. On pouvait penser qu'avec l'avènement du téléphone, le télégraphe disparaîtrait, mais il n'en fut rien. Comme nous le verrons, le télégraphe n'utilise qu'une bande passante réduite, ce qui le rend beaucoup moins sensible aux brouillages naturels ou artificiels et permet de multiplier les fréquences de travail, pour un encombrement de l'éther identique à une communication téléphonique. Là où un canal n'autorise qu'une conversation en phonie, il est possible de loger une vingtaine de canaux télégraphiques.

ENCODAGE ET DÉCODAGE ÉLECTRONIQUES

L'un des nombreux avantages de l'électronique réside dans son aptitude à encoder et décoder, sous différentes formes, divers types d'informations provenant de signaux de nature très variée : acoustique (parole, musique), visuelle (caméra), données (informatique). Pour transférer l'information ou les données d'un point à un autre, la communication ne se limite aucunement à un système particulier.

Dans le code Morse télégraphique, il y a seulement deux niveaux différents de courant ou de voltage. Le courant passe ou ne passe pas. On parle alors de digitalisation du signal. Ce principe rudimentaire est à la base de tous les ordinateurs. Quand le signal (courant ou voltage) passe, il revêt le niveau 1 et est alors haut ; quand il ne passe pas, on parle de niveau 0, ou bas. Comme on peut le constater, le système digital permet de recourir à deux états (1 ou 0) uniquement pour transmettre l'information.

Si le code Morse illustre une méthode qui fait appel à la durée de transmission des impulsions constituant le niveau haut, il en existe d'autres applications, comme la composition d'un numéro sur un cadran téléphonique, le système Pulse Width Modulation (PWM), Pulse Code Modulation (PCM).

Le système PWM, à l'instar du code Morse, contrôle la durée de l'impulsion du niveau haut, ou 1, c'est-à-dire quand le contact est établi. Pour transmettre le chiffre 1, la durée vaut deux unités ; le chiffre 2, trois unités, etc. Au lieu de modifier la longueur de l'impulsion, on peut tout aussi bien modifier son amplitude, à savoir sa hauteur. On convient ainsi que le chiffre 0 équivaudra à 0,33 V ; le 1, à 0,66 V ; le 2, à 1 V ; et le 9, à 3,33 V.

Le PCM reste l'un des principes les plus couramment adoptés pour véhiculer des informations binaires, c'est-à-dire occupant deux niveaux (haut et bas). L'impulsion délivrée l'est selon une durée prédéfinie. Admettons que le protocole d'échange d'informations entre l'émetteur et le destinataire repose sur une période d'une seconde et que je veuille transmettre le code binaire 1001 (ce qui correspond, en système décimal, au chiffre 10). Il suffira, à chaque moment d'un état haut, que j'envoie une impulsion selon la période prédéfinie.

LE CODE ASCII

Certains lecteurs auront pu s'étonner qu'une succession de 1 et de 0 puisse signifier le chiffre 10. Il n'y a là rien d'arbitraire. Tous les ordinateurs utilisent le code American Standard Code for Information Interchange (ASCII) pour transmettre et échanger des informations. Ce code repose sur 8 bits, soit une succession de huit 0 ou 1, le tout formant un octet. Nous verrons comment sa simple connaissance peut déjà vous permettre de réduire très fortement les *spams* qui inondent votre boîte.

binaire	**lettre**	**décimal**						
01000001	A	65	01001010	J	74	01010011	S	83
01000010	B	66	01001011	K	75	01010100	T	84
01000011	C	67	01001100	L	76	01010101	U	85
01000100	D	68	01001101	M	77	01010110	V	86
01000101	E	69	01001110	N	78	01010111	W	87
01000110	F	70	01001111	O	79	01011000	X	88
01000111	G	71	01010000	P	80	01011001	Y	89
01001000	H	72	01010001	Q	81	01011010	Z	90
01001001	I	73	01010010	R	82			

Code ASCII

Comme on peut le constater, les majuscules de l'alphabet commencent à la valeur décimale 65 (en binaire sur 8 bits, cela donne, $8^2 = 64 + 1$, car la lettre A occupe le premier rang). En ce qui concerne les minuscules, elles vont de la valeur 97 à 122, et les chiffres, de 48 à 57 (pour le 9).

L'octet s'assimile à un registre d'états à 8 bits, le bit le plus significatif étant à gauche, et le moins significatif, sur la droite. Chaque bit peut donc revêtir la valeur 0 ou 1 ; dans ce dernier cas, le bit valide ou non « la case » dont l'ordre, de la droite vers la gauche, est un multiple de 2. Notre octet nous permet donc de transmettre 256 valeurs comprises entre 0 (tous les bits sont à 0) et 255 (tous les bits sont à 1). Pour chaque bit validé, sa valeur sera ainsi une progression de raison 2 : 128 64 32 16 8 4 2 1. Si je transmets 11111111, cela équivaudra à 128 + 64 + 32 + 16 + 8 + 4 + 2 + 1, soit 255. Si j'avais transmis 00011000, cela donnerait 0 + 0 + 0 + 16 + 8 + 0 + 0 + 0, soit 24 en décimal.

SIGNAL ANALOGIQUE

Les radiocommunications et la téléphonie font appel à un signal sinusoïdal dit « analogique », d'une amplitude de tension comprise entre une valeur maximum et une valeur minimum de part et d'autre d'une ligne centrale valant 0 V. Ce phénomène se répète un certain nombre de fois par seconde, ce qui définit sa période (cycles par seconde) ou sa fréquence (Hz). C'est le principe du courant alternatif qui circule chez vous.

Les courants alternatifs (variant entre le plus et le moins au cours de leur cycle, ou phase) se classent en fonction de la durée de la période ou de son inverse, la fréquence. Le courant alternatif est à l'origine d'un champ électromagnétique (onde radio) qui se déplace dans l'éther à la vitesse de la lumière. On parle de champ électromagnétique, car l'onde a une composante électrique (champ vertical) et une composante magnétique (champ horizontal). Voilà pourquoi votre antenne de télévision est parallèle au sol, et l'antenne de votre autoradio, perpendiculaire. Il est important de retenir que ces champs sont perpendiculaires l'un par rapport à l'autre, et que leur sinusoïde reste de sens opposé. Quand un champ est à son point maximum, l'autre est à son point minimum et de sens contraire. Ce principe se trouve à la base de ce que l'on appelle la polarisation. Suivant la direction du champ électrique, horizontal ou vertical, on parle de polarisation horizontale ou de polarisation verticale.

L'onde radio est donc liée à l'existence d'un courant alternatif, et non pas continu. Pour émettre cette onde ou l'intercepter, il faut un conducteur faisant office d'antenne. Sa longueur n'est pas quelconque. Afin de contribuer à l'accord optimal du circuit, elle se doit d'être en relation avec la longueur d'onde. Selon le type d'antenne utilisée, on peut privilégier une direction (unidirectionnelle) donnée, afin de réduire les risques de détection par une personne indiscrète qui serait « calée » sur la même fréquence. Plus la fréquence sera élevée, plus la longueur d'onde sera courte, d'où la facilité à dissimuler son antenne.

Le signal sinusoïdal, ou modulation d'amplitude, sert à transmettre les informations sur de longues distances, ce que ne permet pas un signal numérique qui, au-delà d'une certaine distance, finit par présenter des déformations génératrices d'erreurs. Pour transmettre la valeur 1, on peut émettre un signal sinusoïdal de forte amplitude, et pour 0, un signal de plus faible amplitude (tension plus faible). Mais un signal sinusoïdal peut véhiculer beaucoup d'informations autres que digitales, à savoir « informatisées ». Il suffit que la modulation d'amplitude module à son tour un signal dit « porteur », capable pour sa part d'entraîner un signal résultant analogique, qui se répartit de chaque côté de la porteuse correspondant à la fréquence centrale. Chaque partie, inférieure et supérieure, constitue le « miroir » de l'autre. Il s'agit d'un principe parfaitement connu des radioamateurs et plaisanciers qui utilisent, pour communiquer, la bande latérale unique (BLU) où la partie supérieure ou inférieure est supprimée. Cela permet à l'onde de franchir, à puissance égale, une plus grande distance, puisque l'énergie radioélectrique est « concentrée » dans une bande occupant moins d'espace.

Il est aussi possible de véhiculer des informations en faisant varier la fréquence ou la période de la sinusoïde. Pour transmettre un signal digital, on peut très bien maintenir l'amplitude du signal sinusoïdal constante et modifier sa fréquence ou sa phase. La fréquence correspond en quelque sorte à la hauteur d'une note (grave ou aiguë). Plus cette dernière sera aiguë, plus sa fréquence sera élevée. En acoustique, il s'agit d'une onde mécanique, et en radio, d'une onde électromagnétique, mais l'analogie demeure valable. Le principe, connu sous le terme de Frequency Shift Keying (FSK) et adopté par certains modems (basse vitesse), ne connaît que deux états, 1 ou 0, qui se traduisent par un basculement entre deux fréquences (tonalités) bien calibrées, par exemple 1 300 Hz et 2 100 Hz.

L'exploitation d'une ligne téléphonique ou d'une liaison radio impose des contraintes, notamment au niveau de la bande passante. Celle du téléphone s'étend de 300 Hz (sons graves) à environ 3 kHz (sons aigus), ce qui limite le choix des fréquences entre ces deux valeurs. En outre, la liaison doit s'établir dans les deux sens pour permettre l'échange des protocoles de connexion. On parle de liaison bidirectionnelle. L'émetteur pourra, par exemple, utiliser les fréquences 1 070 Hz et 1 270 Hz, et le destinataire, le couple 2 025 Hz et 2 225 Hz. Les variantes, ainsi que les procédés (RRTY, AMTOR, SSTV, JVFAX, etc.) sont nombreux, et il est tentant, pour les cyberespions, de leur faire livrer tous leurs secrets. Un simple logiciel disponible librement vous permet, après avoir relié par un cordon la prise écouteur à la prise série du PC, de prendre connaissance en clair de tous les messages. Vous serez à même de consulter les Télétypes des agences de presse, les fax (indispensable dans le cas de signaux enregistrés lors d'une écoute sur un magnétophone), les cartes météo, et bien d'autres signaux que je vous laisse le soin de découvrir.

DIGITALISATION ET SYNCHRONISATION

L'avantage du signal digital sur le signal analogique réside dans sa meilleure immunité vis-à-vis des bruits. C'est un peu comme entre la modulation de fréquence et la modulation d'amplitude que l'on retrouve sur les grandes ondes et les ondes courtes. Puisqu'un digit (1 ou 0) représente la valeur d'une tension ou d'un courant, il est donc moins affecté dans sa forme qu'un signal sinusoïdal.

À l'instar d'une onde lumineuse, le son est un phénomène vibratoire. Pour le digitaliser, on mesure l'amplitude de sa courbe plusieurs milliers de fois par seconde, et chaque point définissant l'amplitude est mesuré par rapport à une échelle de 255 marches susceptibles de se traduire, à leur tour, en chiffres binaires. L'échantillonnage dépend de la bande passante du signal (théorie de Shannon) soit, pour le téléphone, 8 000 échantillons par seconde, ce qui correspond à la transmission de 64 000 bits par seconde (8 000 x 8 bits).

En informatique, on parle souvent de port série et de port parallèle. Dans la liaison série, cette dernière s'établit sur un seul câble électrique où circulent les 1 et les 0 les uns à la suite des autres. Le débit est donc lent. Pour accroître le débit, on a recours à la liaison parallèle qui, elle, utilise plusieurs câbles pour véhiculer l'information capable, alors, d'emprunter plusieurs voies simultanées. On passe de la liaison série à la liaison parallèle, et vice versa, moyennant un registre qui stocke l'information digitale avant de la distribuer. Le port USB repose sur le principe d'un port série multiplexé.

Un ordinateur échangeant des données avec un autre ordinateur très proche n'a nul besoin de passer par un convertisseur digital/analogique, ou analogique/digital, puisque les informations sont déjà sous forme digitale. En revanche, si la distance est trop importante, le signal finit par se déformer. On dit que les flancs ne sont plus assez raides. Le signal doit donc passer par des amplificateurs et régénérateurs, qui lui conservent une forme la plus pure possible.

L'un des problèmes essentiels de la transmission de données consiste en leur synchronisation. Il faut que chaque bit puisse être clairement défini. Cette synchronisation est assurée par une « horloge » établie à chaque extrémité de la liaison. L'interprétation d'un signal numérique repose sur le découpage du temps en intervalles élémentaires soigneusement déterminés. Tel est le rôle de la base de temps, ou horloge, chargée de délivrer des tops « synchro » parfaitement calibrés et accompagnant les données. Cette synchronisation s'effectue par caractère, bloc ou trame.

Les horloges situées de chaque côté de la transmission peuvent être recalées l'une par rapport à l'autre. On est alors en présence d'une transmission asynchrone. Autre solution : faire appel à une horloge très stable qui, elle, permet de transmettre des blocs plus conséquents. Pour les petites vitesses, on adopte l'asynchrone, et aux vitesses plus élevées, la synchro. Dans la communication asynchrone, les deux appareils peuvent ne pas employer la même fréquence d'horloge. Dans ce cas, les informations circulent à une vitesse qui est toujours prédéterminée. Lors d'une transmission à faible débit, les différents trains binaires peuvent être séparés par des intervalles d'une durée plus ou moins quelconque. Il convient d'adjoindre à chaque caractère un bit de début (start) et un bit de stop.

Nous avons vu, avec le code ASCII, qu'un caractère comprend 8 bits. En ajoutant un bit de start et un bit de stop, on obtient 10 bits par caractère transmis. L'envoi de 10 caractères par seconde nécessitera par conséquent 100 bits. Comme il s'agit de vitesse, on dit 100 bauds. Chacun aura une période de 0,01 s (1/F). Une ligne ayant une capacité de 300 bauds véhiculera 300 caractères/seconde, et non 300 bits. C.Q.F.D. Cette technique, qui consiste à ajouter un bit de start et un bit de stop, occupe beaucoup de place. D'où la raison d'être des procédés de compression visant à réduire l'encombrement du message. À titre d'exemple, au lieu de transmettre 0000011100, l'ordinateur pourra se contenter de transmettre 051302, et les lettres les plus couramment utilisées (ESARNITULOC) seront codées avec quelques bits particuliers (algorithme de Huffman).

CHAPITRE VI

LA SONORISATION CLANDESTINE

Le 28 février 1998, le tribunal correctionnel condamna deux dirigeants d'une entreprise à 7 500 euros d'amende avec sursis et à la confiscation des appareils saisis pour avoir « fabriqué, détenu, en vue de la vente, 50 appareils conçus pour la détection à distance des conversations relevant de l'article 226-1 du code pénal, sans les autorisations ministérielles nécessaires ».

Lorsque l'indiscret ne peut, en raison de ses sens devenus insuffisants, recueillir l'information désirée, il se tourne alors vers la gent électronique qui, bonne fée, vient à son secours pour combler ses déficiences. Principal avantage de tels dispositifs, ils permettent de connaître ou d'éclairer une situation sans échafauder d'hypothèses ni demeurer dans l'incertitude. Un individu qui ne sait rien, mais qui brûle de savoir, est bien souvent proche de l'erreur. Il devient dès lors capable d'imaginer une « solution », plutôt que d'admettre son ignorance et de rester dans le flou.

L'actualité est venue bien des fois braquer ses « projecteurs » sur de telles pratiques. Le risque de compromission du secret par ce que les « spés » appellent les bugs (punaises), autrement dit les dispositifs clandestins d'écoute, est bien réel. Selon un rapport d'activité de la Commission nationale de contrôle des interceptions de sécurité (CNCIS) de 1997, le nombre d'écoutes clandestines était évalué à plusieurs dizaines de milliers par an. Ce chiffre semble être en dessous de la réalité. Une société française se vantait d'avoir vendu plus de 100 000 appareils d'écoutes clandestines !

LA LÉGISLATION

Les écoutes administratives ont pour base légale l'article 3 de la circulaire 1E du 28 mars 1960 : « Toute écoute ou enregistrement téléphonique et télégraphique sur fils, tout renvoi sur réseau PTT d'une écoute microphonique doit être autorisé, soit par le Premier ministre, soit par le ministre de l'Intérieur, soit par le ministre des Armées. » À défaut d'autorisation légale, les fonctionnaires qui auraient recours à des écoutes microphoniques s'exposeraient aux sanctions prévues par l'article 432-9 du code pénal. Or, la loi de 1991 concerne les opérations effectuées sur ordre du ministre en charge des télécommunications. Les exécutants seraient donc passibles des sanctions pénales visant la violation de domicile. Est considéré comme domicile non seulement le lieu d'habitation, mais également le local à usage professionnel (bureau, usine, etc.). Il est à noter qu'en introduisant les écoutes microphoniques dans la sphère de la légalité en matière de lutte contre le terrorisme, la loi Perben II s'est largement inspirée du Police Act de 1997 du Royaume-Uni et de la loi autrichienne de juillet 1997. La CNCIS dénonce les infractions portées à sa connaissance dans l'exercice de ses fonctions. L'article 17 de la loi du 10 juillet 1991 oblige la CNCIS à saisir sans délai le procureur de la République de toute infraction qu'elle a surprise lors de ses opérations de contrôle (agents publics et assimilés inclus).

S'agissant des écoutes clandestines, donc illégales, elles ont fait l'objet de débats généraux au sein de l'Assemblée nationale. L'ébauche d'une liste d'appareils interdits, conçus pour intercepter ou détourner des correspondances émises, transmises, reçues par voie des télécommunications a été établie par arrêté ministériel (décret n° 93.513 du 25 mars 1993, pris en application de l'article 24 de la loi n° 91.646 du 10 juillet 1991).

Un premier texte visait à réprimer le fait de : « divulguer le contenu des appareils conçus pour la détection à distance des correspondances, dont les caractéristiques permettent d'écouter, d'enregistrer ou de transmettre des paroles prononcées dans un lieu privé par une personne, sans le consentement de celle-ci. Les arrêtés sont pris par le ministre en charge des télécommunications. Ce dernier reçoit l'avis d'une commission consultative placée auprès de lui. (...) La commission consultative comprend un représentant du ministre en charge des télécommunications – de l'intérieur – de la défense – des douanes – de l'industrie, ainsi que quatre personnalités désignées par le ministre en charge des télécommunications en raison de leurs compétences. La commission est habilitée à entendre tout expert de son choix. »

En ce qui concerne la fabrication, la détention, le texte stipulait : « La demande d'autorisation, déposée auprès du ministre en charge des télécommunications, comporte, pour chaque type d'appareil, le nom ou la dénomination sociale, l'adresse du demandeur, les opérations mentionnées pour lesquelles l'enregistrement est demandé, l'objet, les caractéristiques techniques types de l'appareil, le lieu prévu pour la fabrication de l'appareil, l'engagement de se soumettre aux contrôles nécessaires à la vérification du respect des indications fournies dans la demande d'autorisation ».

Les mesures d'autorisation portent sur la fabrication, l'exportation, la location, la vente d'un appareil listé (régime des six ans), et ne sont envisageables que si elles font l'objet d'un contrat avec les titulaires d'autorisations afférentes à l'acquisition ou à la détention d'un appareil listé (régime des trois ans).

« Les autorisations sont délivrées *intuitu personae* pour une durée déterminée (six ans et trois ans pour l'acquisition et la détention) et sont parfois subordonnées à des conditions excluant un usage abusif. Les titulaires des autorisations tiennent un registre d'enregistrement afférent aux appareils et à une éventuelle cession. (...) L'autorisation peut être retirée en cas de fausse déclaration, en cas de modification des circonstances qui ont justifié la délivrance de l'autorisation, lorsque le bénéficiaire de l'autorisation n'a pas respecté les obligations du décret ou les obligations particulières prescrites par l'administration, quand le bénéficiaire de l'autorisation cesse d'exercer l'activité pour laquelle l'autorisation a été délivrée. Cependant, le retrait ne peut intervenir, sauf urgence, que si le titulaire de l'autorisation a été en mesure de faire valoir ses observations. »

Le système décret/arrêté a dû être harmonisé avec les dispositions du code pénal applicables à partir du 1er janvier 1994. « Le décret est abrogé et remplacé par le décret du 29 mars 1993 portant réforme du code pénal et modifiant certaines dispositions du code de Procédure pénale ». Ce texte reprend les articles du décret du 25 mars 1993, avec des identifiants différents, adaptés au « nouveau » code pénal (226-1 à 226-12), ainsi que l'arrêté du 23 février 1995 et le registre prévu par le décret de 1993.

Le registre d'enregistrement comprend deux types de renseignements :
- Les renseignements relatifs aux appareils : type, description, référence, numéro d'identification, date d'entrée en stock.
- Les renseignements inhérents à la cession : l'identité du fournisseur (fabricant, importateur, vendeur), l'identité de l'acquéreur, la référence et la date de délivrance de l'autorisation d'acquisition, la date de sortie du stock et la signature de l'acquéreur.

La demande d'autorisation est déposée auprès du secrétaire général de la Défense nationale, et c'est ensuite le Premier ministre qui délivre les autorisations, qui détermine le modèle des registres retraçant les opérations correspondantes. Les demandes d'autorisation sont fréquemment suivies d'enquêtes sur les entreprises. Les contrôles visent également la tenue des registres des matériels, les lieux où les appareils sont exposés. En 1997 et 1998, la commission a examiné 372 demandes et 1 300 appareils.

L'arrêté du 9 mai 1994 dresse la liste des appareils prévus par l'article 226-3 du code pénal. Cette liste comporte plusieurs types d'appareils :

- Les appareils conçus pour réaliser des opérations susceptibles de relever de l'infraction citée au 2e alinéa de l'article 226-15.
- Les microémetteurs à brancher sur une prise téléphonique, sur un autre équipement terminal de télécommunication, ou sur la ligne d'un abonné, soit dans la partie privative de la distribution, soit en un quelconque point du réseau de télécommunications d'un opérateur.
- Les dispositifs tendant à intercepter tout signal de données ou de télécopies transmis sur un réseau de télécommunications.
- Tout dispositif d'interface se couplant discrètement à un réseau de télécommunications et permettant la transmission du signal capté vers un enregistreur quelconque.
- Les dispositifs de traitement de correspondances interceptées ou détournées des voies des télécommunications.
- Les récepteurs radioélectriques adoptés pour l'exploration des fréquences et l'écoute de signaux autres que les récepteurs de radiodiffusion, les équipements d'installations pouvant être implantées librement, les postes émetteurs-récepteurs fonctionnant sur les canaux banalisés, dits postes « Citizen Band ».
- Les appareils qui, conçus pour la détection à distance des conversations, permettent de réaliser l'infraction prévue par l'article 226-1.
- Les dispositifs microémetteurs de retransmission de la voix par des moyens hertziens, optiques ou filaires, à l'insu du locuteur.
- Les appareils d'interception du son à distance de type micro canon ou bien équipés de dispositifs d'amplification acoustique.
- Les systèmes d'écoute à distance par faisceaux laser.

Le décret du 10 juillet 1997 prescrit que la liste d'appareils sera fixée par le Premier ministre et par une commission consultative composée de divers ministères concernés, du secrétaire général de la Défense nationale, d'un représentant du ministère de la Justice, d'un représentant de la CNCIS, d'un représentant du directeur général de l'Agence nationale des fréquences (ANF).

Textes de loi

Article 226-1 : « Est puni d'un an d'emprisonnement et de 45 000 euros d'amende le fait, au moyen d'un procédé quelconque, volontairement, de porter atteinte à l'intimité de la vie privée d'autrui ;
1° en captant, enregistrant ou transmettant, sans le consentement de leurs auteurs, des paroles prononcées à titre privé ou confidentiel ;
2° en fixant, enregistrant ou transmettant, sans le consentement de celle-ci, l'image d'une personne se trouvant dans un lieu privé.
Lorsque les actes mentionnés au présent article ont été accomplis au vu des intéressés sans qu'ils s'y soient opposés, alors qu'ils étaient en mesure de le faire, le consentement de ceux-ci est présumé. »

Article 226-3 (remplace l'article 371) : « Sont punies d'un an d'emprisonnement et de 45 000 euros d'amende la fabrication, l'importation, la détention, l'exposition, l'offre ou la location, la vente, en l'absence d'autorisation ministérielle, dont les conditions d'octroi sont fixées par décret en Conseil d'État, d'appareil conçus pour réaliser les opérations pouvant constituer l'infraction prévue au 2e alinéa de l'article 226-15 ou qui, conçus pour la captation à distance des conversations, permettent de réaliser l'infraction prévue par l'article 226-1 (ancien article 368) et figurent sur une liste dressée dans les conditions fixées par ce même décret. Est également puni des mêmes peines le fait de réaliser une publicité en faveur d'un appareil susceptible de permettre la réalisation des infractions prévues par l'article 226-1 et le second alinéa de l'article 226-15, lorsque cette publicité constitue une incitation à commettre cette infraction. »

Article 226-15, alinéa 2 : « Est puni des mêmes peines (un an d'emprisonnement et 45 000 euros d'amende) le fait, commis de mauvaise foi, d'intercepter, de détourner, d'utiliser ou de divulguer des correspondances émises, transmises ou reçues par la voie des télécommunications ou de procéder à l'installation d'appareils conçus pour réaliser de telles interceptions. »

LES ÉCOUTES INTÉRIEURES

Fidèle à notre démarche, nous ne nous poserons pas en moralisateur de cette pratique qui fait partie du renseignement technique (*electronic intelligence*), domaine que ne saurait ignorer toute personne concernée par la sécurité des individus, des biens ou de la nation, ne serait-ce que pour s'en protéger.

Les écoutes intérieures sont très certainement les plus connues du grand public qui, à plusieurs reprises, a appris par la presse que l'on avait découvert un micro dans tel conseil d'administration, local politique, etc. On se trouve bien souvent face à un microémetteur dit « actif ». On l'appelle ainsi parce qu'il émet une énergie sous forme d'ondes électromagnétiques. Tout microémetteur a pour fonction, par l'intermédiaire d'un micro le plus sensible possible, de capter les sons et les paroles dans un rayon d'une dizaine de mètres, pour les retransmettre par une antenne, filaire ou cadre, à un poste récepteur situé dans la périphérie « immédiate », c'est-à-dire quelques centaines de mètres. Cet émetteur peut fonctionner en permanence, être activé à distance par l'agent au moyen d'une radiocommande, ou bien encore par la présence des personnes à l'intérieur du local (bruit, infrarouge passif, lumière, etc.).

Les qualités indispensables à l'émetteur

Parmi ses principales qualités, citons sa stabilité en fréquence, à savoir son aptitude à rester calé sur sa fréquence d'émission. Il ne doit pas « glisser », ce qui contraindrait la personne à l'écoute de réajuster en permanence la fréquence, au détriment de la fiabilité du matériel et de la qualité de l'écoute.

À cette fin, les professionnels optent pour un émetteur piloté par un quartz et délaissent les émetteurs à VFO (Variable Frequency Oscillator, oscillateur à fréquence variable). Ces derniers ont pour « seul » avantage leur coût dérisoire et regorgent en revanche d'inconvénients : sous l'influence de la proximité du corps humain, d'une armoire métallique, d'une chute de tension, de la température, etc., la fréquence ne cesse de varier, et ce parfois dans des proportions considérables. D'où la préférence accordée à l'émetteur piloté par quartz. On appelle quartz un cristal taillé pour « résonner » sur une fréquence unique et stable. Cet avantage devient parfois un inconvénient, notamment lorsque la plage de fréquence est déjà occupée par un autre émetteur. Dans la mesure du possible, il faudrait toujours privilégier un VXO (Variable Xtal Oscillator, oscillateur variable à quartz) offrant à la fois la qualité d'un émetteur piloté par cristal (quartz) et la souplesse du VFO, qui permet de modifier sa fréquence d'utilisation pour s'adapter aux réalités de la zone où sera placé l'émetteur et qui peut supporter une « pollution » radioélectrique. L'idéal serait de procéder systématiquement à une analyse du champ pour déterminer la fréquence la plus apte à demeurer dissimulée dans la « jungle » des signaux environnants.

Le problème soulevé par les harmoniques

Autre point d'importance, tout émetteur émet sur la fréquence pour laquelle il est préréglé, mais il émet aussi des harmoniques, c'est-à-dire sur d'autres fréquences, multiples de la première et indésirables, qui peuvent donc être reçues par une personne à l'écoute d'une autre fréquence ! Plus cette fréquence harmonique s'éloignera de la fréquence nominale, plus le signal sera faible et, par conséquent, de plus en plus difficile à capter, mais le risque existe et doit toujours être connu de l'utilisateur.

L'antenne

Un mot à propos de l'antenne filaire, qui équipe généralement ce type de matériel et joue un rôle non négligeable dans la portée. L'efficacité d'une antenne apparaît dès que sa longueur est supérieure à 1/16 de la longueur d'onde. Rappelons que l'on obtient la longueur d'onde en divisant 300 par la fréquence en mégahertz. Pour un émetteur opérant sur 150 MHz, la longueur d'onde correspondante sera de 2 m ; pour 450 MHz, de 66 cm. Il existe des antennes demi-onde, quart d'onde, huitième d'onde. Si on remplace l'antenne filaire par un dipôle, on gagne en portée, mais cela revient à privilégier une direction (directivité).

La portée

D'autres paramètres influent sur la portée d'un émetteur : conditions de propagation (béton, plein air, etc.), choix de la fréquence, modèle de l'antenne, puissance apparente rayonnée, rendement de l'émetteur (une partie de la puissance n'est pas rayonnée), sensibilité du récepteur. Il devient explicite qu'il s'avère impossible de répondre à la question classique : « À quelle distance puis-je recevoir l'émission ? ». La réponse est toujours une portée très théorique et calculée à partir d'une formule mathématique pour des conditions de propagation très favorables, qui n'auront rien à voir avec la réalité opérationnelle. Sur le terrain, une portée de plusieurs centaines de mètres peut tomber à une dizaine de mètres ! Seules les compétences du technicien permettent vraiment de tirer le maximum de l'appareil, au besoin en intervenant sur sa puissance et son antenne, ainsi que sur le « choix » de son emplacement.

La faible puissance rayonnée par le « zinzin » n'est pas un handicap, comme ont trop souvent tendance à le penser les néophytes. Elle contribue dans une certaine mesure à la non-détection de l'émetteur, puisqu'il faut se trouver dans un rayon de captage assez réduit pour intercepter son signal. Si l'agent désire une portée plus grande, il ne va pas accroître la puissance de l'appareil, ce qui aurait par ailleurs pour effet d'épuiser les piles plus rapidement, et la puissance apparente rayonnée irait à l'encontre du souci de discrétion. Il optera pour un réémetteur. Il installera un récepteur couplé à un émetteur, qui se chargera de relayer l'émission captée sur une distance majeure. Autre solution, l'émission sera enregistrée sur un magnétophone connecté au récepteur dissimulé dans la périphérie du local écouté. Un sous-agent viendra de temps en temps relever la bande. Inconvénient : l'écoute s'effectue en différé, et le risque d'une souricière ne peut jamais être totalement exclu.

L'autonomie

Ce type d'émetteur est souvent alimenté par une pile, ce qui pose un problème d'autonomie. Un émetteur peu puissant offrira, en fonction du modèle, une autonomie d'environ un mois. Au-delà de cette durée, l'agent doit venir changer la pile. S'il a fallu prendre des « risques » pour l'installer dans un local (intrusion clandestine), il n'est pas rare que l'appareil convenablement dissimulé soit abandonné !

Si l'on prévoit que l'écoute devra se prolonger bien au-delà de l'autonomie de l'appareil, on se tournera vers un modèle alimenté par le secteur, le courant téléphonique, qui fournira l'alimentation indispensable à l'émetteur.

L'agent peut aussi sonoriser la pièce en installant un appareil qui véhiculera le signal non plus par la voie des airs, sous forme d'onde radioélectrique, mais sur le courant électrique. Il s'agit d'un appareil à courant porteur, donc d'une liaison filaire (par fil). L'agent placé dans un appartement voisin se connecte sur le réseau électrique, d'où la conversation est recueillie. C'est le principe des Interphones fonctionnant sur le secteur.

Quand le technicien peut avoir accès à un mur mitoyen, il utilise, dans un souci de discrétion bien compréhensible, un émetteur alimenté par couplage magnétique. Cet émetteur dépourvu de toute alimentation s'installe dans la pièce, sur une paroi dont l'autre côté reçoit un appareil qui alimente l'émetteur par effet de couplage inductif. Si l'accès au local est exclu, l'agent «offrira » un cadeau à l'occupant des lieux. Il va sans dire qu'il s'agit d'un cadeau piégé, d'un mouchard.

Le captage à distance

Comme la technologie ne manque décidément pas de ressources, il est possible d'écouter à distance la conversation se déroulant dans une pièce. Comment ? Le plus simplement du monde, en pointant un faisceau laser infrarouge sur la fenêtre du local en question, dont les vitres vibrent imperceptiblement au rythme des sons. La vitre se transforme en membrane de micro. Cette technique, qui paraît et qui est redoutable, s'avère d'une construction à la portée d'un électronicien amateur. Le problème réside plutôt dans les filtres capables d'éliminer tous les bruits parasites extérieurs.

Mentionnons, par ailleurs, la possibilité de capter le rayonnement émis par un micro-ordinateur qui ne répond pas aux normes Tempest (blindage). Quand une mobylette à l'antiparasite défectueux passe dans la rue, vous aurez sûrement remarqué que les parasites se traduisaient, sur l'écran de votre téléviseur, par des taches blanches. Ces parasites sont liés à la haute tension des parasites. Vous savez sans doute qu'un écran de télévision ou d'ordinateur fait lui aussi appel à une THT (très haute tension) pour le canon du tube. Il suffit de modifier quelque peu un téléviseur pour accorder la fréquence horizontale et verticale sur celle de l'ordinateur et voir s'afficher sur l'écran du téléviseur ce que vous tapez sur votre clavier ! La parade ? Utiliser un écran LCD ou à plasma, en attendant l'arrivée des écrans laser. Mais méfiez-vous de tout rayonnement parasite. Les services sont capables de capter le faible champ du disque et, ainsi, d'intercepter ses données !

LES ÉCOUTES TÉLÉPHONIQUES

Par une nuit de janvier 1997, il se passa de bien étranges choses au 27 de la Wabernsackerstrasse, à Berne. Quatre espions des services de renseignement israéliens réussirent à s'introduire, à l'aide de fausses clés, dans la cave de cet immeuble pour localiser la ligne téléphonique de leur cible libanaise.

Ces agents, qui étaient entrés séparément et sous de fausses identités sur le territoire helvétique quelques jours auparavant, s'étaient vus remettre, par l'intermédiaire d'un courrier diplomatique, un fort étrange kit consistant en un téléphone portable dissimulé dans un morceau de bois évidé. Il s'agissait d'un Natel D-Easy (le portable suisse), doté d'une carte approvisionnée pour plus de 3 000 francs suisses, de quoi assurer de nombreuses heures de communication. Dès que l'abonné décrochait son combiné, un « switch » commutait le Natel en émission et composait le numéro préprogrammé d'un correspondant situé à Genève.

Cette aventure, véridique et qui peut sembler extraordinaire, est en réalité resplendissante de simplicité. N'importe quel technicien en est capable. Les écoutes clandestines sont à la portée de tous, et la concurrence économique et du monde des affaires n'est pas faite pour réduire ce risque. N'importe qui peut acheter à l'étranger et par correspondance la panoplie du parfait petit espion. Le degré de technicité des méthodes employées dépend de l'origine des oreilles indiscrètes. L'État, pour des raisons de lutte contre le banditisme ou le terrorisme, peut convenir de moyens logistiques incomparables avec un « privé ».

Pour mettre un abonné sur écoute, les services officiels interviennent à distance et profitent de l'informatisation du réseau pour poser une « bretelle », qui demeure transparente pour les usagers du téléphone. Un agent opérant en terrain étranger doit procéder à une intervention *in situ*. Il s'agit, dans ce cas, d'un piratage des plus faciles à réaliser sur le plan technique. Il suffit de connaître le principe du réseau de distribution pour être en mesure de placer, en un point quelconque de l'appareil téléphonique ou de la ligne, un dispositif d'écoute (émetteur, dérivation, magnétophone).

La méthode la plus simple sera de se rendre dans l'immeuble où réside la personne dont on veut mettre le téléphone sous écoute, et de repérer d'où part la paire (ligne téléphonique), pour ensuite suivre son trajet jusqu'à une boîte de jonction, une armoire, etc. De là, plus rien n'empêche d'installer un émetteur gros comme un morceau de sucre. Le poste de l'abonné est connecté à une prise murale, de laquelle part une paire qui rejoint la borne terminale d'habitation qui, elle, regroupe les lignes des occupants de l'immeuble, lignes qui sont à leur tour dirigées vers un îlot (groupement de plusieurs résidences), avant de gagner une partie de quartier, puis le central téléphonique. Nombre de boîtiers répartiteurs sont fermés par une simple vis ou une clé, et restent des plus aisés à ouvrir (voir *Le grand livre de l'espionnage*, du même auteur aux éditions Chiron). Comme ces boîtiers se trouvent bien souvent dans des lieux peu fréquentés, voire isolés et dissimulés à la vue, rien de plus simple. La ligne de l'abonné une fois localisée, le pirate peut y connecter son appareil d'écoute ou un combiné portable terminé par deux pinces crocodiles, et téléphoner ainsi sur le compte de l'abonné.

Lors de certaines opérations, de faux téléphonistes n'ont pas hésité à parasiter la ligne téléphonique de leur cible pour l'obliger à demander une réparation. Bien évidemment, les « réparateurs » en profitaient pour piéger l'appareil ou sonoriser la pièce. Les subterfuges pour atteindre l'appareil ne manquent pas.

Souvent, afin de réduire le risque d'une découverte à l'occasion d'une intervention des téléphonistes pour une visite d'entretien, les poseurs d'écoutes sauvages préfèrent installer leur dispositif sur les fils situés entre l'appartement de l'abonné et un boîtier. Cela s'avère d'autant plus vrai que l'endroit retenu doit répondre à des impératifs techniques : portée de l'émetteur, « écrans », sources de parasites, changement des piles et/ou cassettes, durée d'installation, risque de découverte, rayonnement parasite, etc.

Il existe trois grandes catégories d'émetteurs téléphoniques :

- Le « micro » de type série, auto-alimenté par le courant prélevé sur la ligne téléphonique.
- Le type parallèle, qui dispose quant à lui de son alimentation (piles, accus).
- Le type inductif, qui n'entraîne aucune modification des paramètres de la ligne écoutée.

Les premiers, en raison des modifications (courant, impédance, capacité, etc.) de ligne qu'ils suscitent, sont facilement décelables. Les seconds posent pour leur part un problème d'autonomie. Pour économiser les piles et ne pas émettre en continu, un relais électronique détecte la chute de tension à la prise de ligne et commute l'émetteur. Le combiné une fois raccroché, l'émetteur n'est plus alimenté. Certains émetteurs en profitent pour prélever un infime courant leur permettant de recharger leurs accus, ce qui garantit une autonomie égale à la durée de vie des accus (plusieurs années) ou jusqu'à leur découverte. Quant à l'émetteur inductif, il est quasiment indécelable autrement que par une inspection visuelle.

La pose d'un émetteur s'accomplit sans difficulté particulière. Soit l'émetteur est alimenté par le courant véhiculé par la ligne (émetteur en série, donc connecté sur un seul fil), soit il l'est en parallèle. Dans ce cas, il dispose de son alimentation, ce qui a pour effet de peu modifier les paramètres de la ligne (intensité, tension, résistance, capacité, etc.). Parfois, l'émetteur est simplement introduit dans l'appareil téléphonique ou le combiné. Mieux, une simple résistance et un condensateur (coût inférieur à 1 euro) suffisent à alimenter le micro de l'appareil, du répondeur ou de tout autre appareil, et à le transformer en « mouchard » permanent. Tout ce qui se dit à proximité du micro est véhiculé sur la ligne téléphonique, et un simple amplificateur suffit pour en écouter le contenu. S'agissant du type en série, il ne saurait être question d'installer un émetteur puissant. La consommation entraînerait une chute des qualités de la communication qui ne passerait pas inaperçue aux utilisateurs. Quand l'agent souhaite une portée plus importante, il se tourne vers le réémetteur. Les remarques concernant le micro d'ambiance (stabilité, antenne, etc.) s'appliquent aux émetteurs téléphoniques.

Installation d'un magnétophone

Le technicien peut, pour différentes raisons, décider d'installer un magnétophone activé par un relais détectant le courant qui circule sur la ligne et qui permet au minimagnétophone de s'enclencher uniquement à la prise de ligne. Quand l'un des usagers raccroche, le magnétophone s'arrête de lui-même. L'inconvénient du magnétophone : il faut relever les bandes, et la consommation de bandes varie selon la nature de la cible. On ne saurait comparer le trafic d'une multinationale et celui d'un particulier. Pour une durée d'écoute importante, l'agent dispose d'un magnétophone à vitesse modifiée, qui accroît la durée de la bande d'enregistrement (attention à ce que la durée de vie des piles soit en conséquence...). Avec l'apparition des minidisques, la durée d'enregistrement se trouve largement augmentée, mais peut-être pas d'une façon très significative par rapport à un bon magnétophone modifié en vitesse très lente.

D'autres méthodes

Le technicien peut également capter le signal véhiculé sur la ligne sans intervention physique sur celle-ci. Il procède par induction, dont nous avons déjà vu le principe. Une sonde à effet Hall, ou magnétorésistive, est plaquée sur le fil pour recueillir le signal, qui est ensuite démodulé et rendu audible par un amplificateur. La conversation peut soit venir s'enregistrer sur le magnétophone, soit être retransmise par un émetteur.

L'agent préférera éventuellement recourir à un émetteur dit « harmonica », un appareil lui permettant d'ouvrir la ligne à distance. De n'importe où dans le monde. Il lui suffit d'appeler le numéro du poste à écouter et d'activer une tonalité pour signaler à son appareil de neutraliser le train de sonnerie (l'appareil ne sonne pas). Ensuite, le micro du poste téléphonique est activé. Le micro est alors en mesure de capter tous les sons à proximité et de les véhiculer sur la ligne pour qu'ils soient écoutés dans le combiné téléphonique de l'appelant !

Avec un téléphone portable, comme il s'agit d'un émetteur actif et de fréquences normalisées, rien de plus simple que d'intercepter la communication. Peut-être vous souvenez-vous de ceux que la presse avait baptisés le « gang des Égyptiens » ? La technique consiste à détourner une ligne téléphonique au moyen d'un téléphone portable (principe identique au *wardriving* déjà mentionné), mais non cellulaire. Le pirate commence par acheter un modèle de téléphone portable très répandu, dont il n'utilisera pas la station dite « base ». Avec le portable, il se promène dans les cages d'escaliers jusqu'à ce qu'il se connecte sur une base identique à la marque de son appareil et installée dans un appartement. La ligne une fois établie, il ne lui reste plus qu'à composer son numéro longue distance. Si l'abonné n'est pas chez lui ou ne s'aperçoit pas de l'utilisation de sa ligne, il n'a plus qu'à régler le montant de la facture.

Certains terroristes utilisent la base pour leurs appels clandestins. Il suffit de la relier à un câble téléphonique facile d'accès et de la doubler d'une alimentation externe. Dès cet instant, le terroriste est en mesure de pirater la ligne à distance. Dès qu'il se trouve dans le rayon d'action de la base, à savoir quelques centaines de mètres, il se sert du portable pour lancer l'appel. Bien évidemment, les soupçons des services de sécurité se porteront sur le propriétaire de la ligne, du moins dans un premier temps.

Cette anecdote s'applique au téléphone cellulaire. S'agissant d'appareils conformes à des normes, rien de plus simple que de connaître les fréquences (900 et 1 800 MHz). Il existe donc sur le marché un scanner qui, transporté par la personne filant l'individu, capte immédiatement le signal du portable, et ce quelle que soit la fréquence. Il est alors possible d'écouter la communication en direct, communication qui peut être enregistrée sur un minimagnétophone. Si l'individu change de « cellule », il changera également de fréquence, mais cela ne posera aucun problème au scanner.

Les différentes procédures susceptibles d'être mises en œuvre sont résumées dans le tableau ci-contre.

TABLEAU GÉNÉRAL DES DISPOSITIFS D'ÉCOUTE

INSTALLATION INTÉRIEURE

- **sans fil émetteur passif ou actif dissimulé**
  - walkie-talkie, téléphone portable bloqué en émission
  - émetteur optoélectronique
  - émetteur à ultrasons
- **filaire**
  - micro déporté dissimulé
  - micro utilisant le réseau électrique
  - micro utilisant le réseau téléphonique
  - interphone en mode écoute
  - téléphone « mal raccroché »
  - stéthoscope électronique

TÉLÉPHONE

relais activant un magnétophone
émetteur dans le poste, ou sur la ligne
écoute en direct par dérivation
interception par induction
interception des sans-fil

EXTÉRIEUR

micro canon ou parabolique
émetteur placé sur une personne, ou à proximité
émetteur-flèche lancé à distance
magnétophone dissimulé sur une personne, ou dans les environs

VÉHICULE

émetteur dans le véhicule ou sur une personne
balise de radiolocalisation pour suivre le déplacement
système laser

IMAGE

émetteur vidéo
système vidéo sur la ligne électrique, ou téléphonique
transmission sur câble optique, ou par coaxial
magnétoscope activé manuellement ou automatiquement

Un bref mot sur les moyens de détection de ces gadgets, bien que ce ne soit pas notre propos. Le spécialiste procède à une reconnaissance visuelle de tous les endroits et appareils pouvant dissimuler un « mouchard ». Ceux-ci ne manquent pas. Selon les circonstances, il s'aidera aussi de matériel de détection : récepteur multibande, fréquencemètre, champmètre, détecteur de champ électromagnétique, analyseur de spectre, détecteur de jonctions non linéaires, etc. Nos lecteurs nous excuseront de ne pas entrer dans des détails qui n'intéresseraient, d'ailleurs, que les professionnels. Certes, il y aurait encore beaucoup à dire, mais cela sortirait très largement du cadre de cet ouvrage, qui se veut avant tout informatif. Les lecteurs vraiment intéressés, et je sais qu'ils sont nombreux (certains petits malins se sont largement inspirés de mes articles pour leur thèse), pourront se reporter à la série de dossiers parus dans l'*Officiel de la Sécurité* et *IWS*.

CHAPITRE VII

LE RÉSEAU DES RÉSEAUX

Un embryon de ce qui allait devenir plus tard le réseau Internet (Inter-Networking) est né aux États-Unis, en 1969, avec le réseau Milnet (Military Network) et APARNET (Advanced Research Project Agency Net). Il s'agissait d'un réseau de communication reliant entre eux certains ordinateurs délocalisés et de prévenir une destruction due à une attaque nucléaire surprise. Une telle attaque n'aurait pas été sans endommager quelques ordinateurs, mais un reroutage dynamique devait permettre de maintenir les liaisons essentielles et indispensables à la défense.

Ce système, mis au point par la Defense Avanced Research Projects Agency (DARPA, Agence pour les projets de recherche avancée de défense), utilisait des logiciels développés par le Pentagone entre 1975 et 1979 et faisant appel au langage ADA (Automatic Data Acquisition), un langage modulaire permettant l'écriture de programmes blocs assemblés pour former une application particulière. Cette modularité favorise la recherche rapide de la présence de « bogues », virus, mais offre également l'avantage d'une confidentialité accrue, puisque plusieurs programmeurs peuvent ne travailler que sur une partie du programme final. Ce langage a également été adopté pour les programmes AWACS (radars embarqués à bord d'un avion) et AEGIS (navires espions).

La destruction d'un réseau informatique (*cyberwar*, cyberterrorisme, cybersabotage) a toujours été au cœur des soucis des militaires. Durant la guerre du Golfe (1991), les États-Unis tentèrent bien de paralyser le réseau irakien par une cyberattaque, mais les résultats ne furent guère probants. L'armée irakienne utilisait les routeurs du réseau Internet. Les États-Unis récidivèrent juste avant l'invasion de l'Irak, en 2002, en expédiant des centaines d'e-mails aux leaders irakiens pour les inciter à en finir avec le régime de Saddam. Une seconde vague de messages atteignit également leurs portables. Une cyberattaque capable d'endommager le potentiel national est une menace prise en compte par tous les états-majors, qui redoutent un autre Pearl Harbor version informatique. En 2001, le vers Code Red, programmé pour prendre le contrôle de milliers d'ordinateurs, puis les forcer jusqu'à bloquer l'accès au site de la Maison Blanche et paralyser les sites gouvernementaux, aurait été l'œuvre des Chinois. Il s'agirait d'une mesure de représailles suite à l'affaire de l'avion espion américain.

Pour parer à une cyberattaque, les États-Unis ont mis en place plusieurs organes de sécurité, parmi lesquels :

- La Presidential Commission on Critical Infrastructure Protection (PCCIP), créée par le président Clinton en 1996 pour étudier et évaluer la vulnérabilité des infrastructures informatiques.
- Le Department of Defense Network Information Center (DoDNIC) qui délivre aux agences gouvernementales les informations sur la sécurité des réseaux et des ordinateurs. **http://nic.ddn.mil/scc/bulletins.html**
- Le National Infrastructure Protection Center (NIPC) créé en 1998 qui se compose du personnel issu du Computer Investigation and Infrastructure Threat Assessment Center (CIITAC) dépendant du FBI. Le NIPC a pour mission de repérer, analyser une attaque pour établir une dissuasion ou tendre aux hackers une cyberembuscade.
- Le Computer Emergency Response Team (CERT), organisme créé en 1988 après la découverte du vers Morris et chargé de servir de centre d'alerte et de secours. Il en existe près d'une centaine à travers les États-Unis. **http://www.cert.org/nav/alerts.html**
- Le National Computer Security Center (NCSS).
  http://www.radium.ncsc.mil/

• La President's Commission on Critical Infrastructure, qui a pour vocation d'empêcher toute cybermenace susceptible d'affaiblir la sécurité, la défense, la vie économique des États-Unis. **http://www.pcig.gov**

L'année 1998 vit apparaître le Critical Infrastructure Coordination Group (CICG, Groupe de coordination sur les infrastructures critiques), lui-même appuyé par le Critical Infrastructure Assurance Office (CIAO, Bureau chargé de la protection des infrastructures clés). Au cours de cette année 1998, les ordinateurs de l'US Air Force auraient été pénétrés à 43 reprises. Il appartient au Communication Security Evaluation Center (CSEC) de garantir le niveau de sécurité offert par les ordinateurs (en attendant les ordinateurs photoniques, où les photons remplaceront les électrons). Malgré tout cet arsenal, il a été fait appel au secteur privé. Cela a donné naissance à l'Information Sharing Analysis Center (ISAC, centre d'observation et d'alerte), qui collabore étroitement avec le gouvernement.

Une entreprise privée a commencé à lancer une contre-offensive en proposant un programme capable de neutraliser l'information en ligne et d'identifier les responsables des messages incriminés. Le logiciel permet ensuite d'effacer le message et de fermer le site indésirable. Le but de cette éradication consiste à neutraliser la dissémination d'informations aptes à porter préjudice à l'entreprise. La société Northwest Airlines en aurait déjà fait usage contre deux de ses employés.

En France, c'est à la Direction centrale de la sécurité des systèmes d'information (DCSSI) et au CERTA (Centre d'expertise gouvernementale de réponse et de traitement des attaques informatiques), tous deux placés au sein du Secrétariat général de la Défense nationale (SGDN), qu'incombe la sécurité des réseaux informatiques.

Le concept du World Wide Web (www) est né pour sa part en 1989, dans les locaux du CERN (Laboratoire européen pour la physique des particules). Son initiateur, Tim Berners-Lee, voulait lier les nombreux documents relatifs à des sujets connexes. La réalisation fut rendue possible par la hiérarchisation des bases de données internes. Le phénomène Web ne prit vraiment de l'ampleur qu'en 1994, lorsque Bill Clinton décréta l'ouverture d'Internet aux organismes commerciaux. Le futur réseau Internet allait se répandre comme une traînée de poudre à travers l'ensemble de la planète. Au début de l'année 1998, on comptait près de 120 millions d'internautes, et en décembre 2003, 43 % de la population française avait accès à un ordinateur.

Réseau de réseaux (le Web étant un système hypertexte de documents reliés entre eux par des liens électroniques afin de faciliter le surf, ou navigation), Internet permet l'interconnexion d'autres milliers de réseaux (700 millions de lignes téléphoniques). Tout comme un réseau téléphonique international, Internet n'appartient à personne en particulier. Il tire sa cohérence de l'intérêt mutuel des compagnies téléphoniques mondiales et de la coopération des gouvernements, des universités et des entreprises.

UNE MULTITUDE DE SERVICES

Le serveur se différencie par un protocole d'accès adapté à un service spécifique Internet. Les serveurs Web qui constituent cette toile d'araignée planétaire proposent plusieurs types de services, dont :

- **www**, pour retrouver et récupérer des informations sur un sujet donné grâce à la consultation de pages d'informations en ligne, pages d'accueil (home) avec des liens hypertextes renvoyant à d'autres documents, menus à arborescences. Il fait appel au multimédia (son, image) et à l'hypertexte.
- **FTP** (File Transfer Protocol), pour accéder, mettre à disposition, échanger des fichiers publics ou privés en les téléchargeant sur son ordinateur, consulter les FAQ (Frequent Anwsered Questions). Les grands sites FTP ont des « miroirs » répartis un peu partout aux quatre coins de la planète, aussi est-il conseillé de se connecter au plus proche pour contribuer à l'amélioration du trafic sur le Net (réseau). Adresse typique : **ftp://site/fichier**

- **Messagerie**, pour l'envoi et la réception de courrier électronique. L'e-mail est une boîte aux lettres dans laquelle on peut déposer, à votre intention, un message en provenance de n'importe quel coin du globe. Adresse typique : **emailnom@clubinternet.fr**
- **News**, pour rechercher des renseignements et/ou participer à des forums de discussion. Adresse typique : **news:group://serveurdenews**
- IRC (International Relay Chat) permet à des milliers d'utilisateurs de converser en temps réel au travers de divers canaux reliant les serveurs sur le *topic* (sujet) qui les intéresse. Cette spontanéité d'expression (comme la Citizen Band) entraîne des discussions moins « profondes » que dans les *news groups*.
- **Wais** (Wide Area Information Server), pour la recherche documentaire, de sources d'informations moyennant l'interrogation de milliers de bases de données. La recherche porte sur le contenu du fichier, et non pas uniquement sur son titre. Il est possible d'indiquer différents critères de choix et d'introduire des opérateurs logiques.
- **Telnet** consiste en l'émulation du terminal sur le serveur d'un client pour l'interroger, échanger des informations, dialoguer, ainsi que pour la maintenance, le lancement d'applications, l'utilisation du site central.
- **Conférence**, pour dialoguer en direct (*Netmeeting*)
- **I-phone** (Internet Phone) permet de dialoguer sur le Web comme sur un réseau téléphonique, mais pour le prix d'une communication locale, voire gratuitement pour l'xDSL. Seul inconvénient : il faut que les deux correspondants soient présents au même moment sur le réseau, qu'ils disposent d'un programme compatible et d'une carte son *full duplex*. Mais cela est en train de changer.
- **Vidéophonie**, pour transmettre des images grâce à une caméra vidéo. L'image occupant une grande place, il est nécessaire de la compresser pour réduire son encombrement et ne pas monopoliser trop de bande passante sur le réseau.

Comme on peut le constater, Internet n'est pas le seul réseau. Il existe aussi des réseaux commerciaux appartenant à des sociétés qui en autorisent l'accès moyennant ou non une redevance. Un abonné à Compuserve bénéficie des services proposés par ce réseau, mais peut également aller sur

Internet. L'inverse n'est pas toujours possible, la passerelle étant à sens unique. Mais nombre de ces réseaux permettent l'accès croisé à Internet. Début 1998, il existait déjà plus de 1 500 000 sites Web, 12 000 FTP et près de 50 000 *news groups*. Ces chiffres ont, depuis, « explosé » (source : **www.nua/surveys/howmanyonline**).

Il existe, par ailleurs, des systèmes locaux composés d'ordinateurs personnels gérés par des personnes, auxquels les intéressés peuvent se connecter, comme les Bulletin Board Systems (BBS, ou Babillards électroniques), qui sont en fait des services télématiques. Ces BBS, qui sont la propriété d'entreprises, de particuliers, tendent à disparaître. La connexion une fois établie, ils ne permettent pas d'accéder à d'autres outils (FTP, etc.). Ils s'avèrent peu répandus en France, mais on en recense encore quelques milliers de par le monde.

Savez-vous qu'il existe un « Web underground » recelant des merveilles, souvent ignorées puisqu'elles ne sont pas indexées par les robots ? Et savez-vous que la taille de cette merveille est bien supérieure au Web ? Pour l'explorer, vous devrez vous munir du moteur AT1.

La progression Internet en Europe rencontre un obstacle en l'absence de *backbones* (lignes de communication majeures), et une grande partie du trafic transite vers les États-Unis. La France se place seulement en 7e position (source : **http://www.ripe.net/statistics.hotcount.html**). La langue majoritaire est l'anglais. Viennent ensuite : l'espagnol, le japonais, l'allemand, le français, le chinois, le suédois, l'italien, le hollandais, le portugais, le finlandais, le coréen. Si des logiciels de traduction en ligne existent, mieux vaut perfectionner son anglais.

Pour voir les réponses aux questions les plus fréquemment posées à propos du Web :
http://sunsite.unc.edu/boutell/faq/www_faq.html,
et pour connaître la taille du Web :
http://www.nit.edu:8001:afs/sipb/user/mkgray/ht/wow-its-big.html

L'ADRESSE

Pour vous connecter aux services Internet, comme pour le courrier postal (snail mail, en langage internaute), il vous faut une adresse. Savoir décoder une adresse est important pour naviguer sur Internet et déjouer certains pièges des plus grossiers.

L'adresse se présente un peu comme cela :
http://www.nom.com/appli/acces/listhtml (vous remarquerez que l'on n'utilise pas de lettre accentuée). L'adresse pourra vous sembler ésotérique, du moins à vos débuts. En fait, elle se compose :

- Du préfixe http, qui indique au logiciel le protocole à adopter pour établir la communication entre le client et le serveur FTP. La connexion une fois établie, le logiciel client se connecte avec le TCP (Transfer Control Protocol) sur le serveur, permettant le téléchargement du document désiré en FTP ;
- De l'adresse Domain Name Server (://www.nom) qui, elle, contient le nom de la machine (www), de la société, pour atteindre le serveur désigné ;
- D'un deuxième suffixe (.com), qui indique le type d'organisation ;
- D'une arborescence (/appli/acces/), qui définit le répertoire et sous-répertoire des données ;
- Du nom de la page (listhtml) concernée.

Un site serveur s'identifie par son adresse URL (Uniform Resource Locator), qui correspond à une page HTML et non au titre de la page. On peut trouver ces adresses dans la presse spécialisée et dans des annuaires. Si l'URL se termine par un nom de fichier, c'est ce document qui sera récupéré. En revanche, si l'URL se termine par un « / » (slash) après le nom du site, cela signifie que la recherche concerne un fichier portant ce nom. HTML (HyperText Mark-up Language) renvoie à un langage ASCII comportant des caractères spéciaux qui ne sont pas affichés. Ces caractères sont avant tout destinés au navigateur (logiciel qui demande au serveur de trouver le document désiré) pour traiter les parties du texte.

Lorsque l'adresse URL comprend, par exemple :
• http://, elle conduit vers une autre ressource Web.
• FTP, file, wais, news, elle conduit à un autre type de réseau Internet.
• #, elle conduit à un point défini ailleurs dans le document.
• html, les lettres htm signalent des fichiers textes.

Si une URL est inactive (erreur de saisie, panne, occupation, document non disponible), un message d'état apparaît. En l'absence de l'URL, le site vous dirigera vers un document par défaut, qui pourra vous aider. Pour ne pas avoir à ressaisir à chaque connexion les adresses utilisées fréquemment, l'internaute peut, avec certains logiciels, les placer dans un *bookmark* ou une *hotlist*. Pour obtenir la base de données d'URL : **http://rbse.jsc.nasa.gov/eichmann/urlsearch.html**

Dans le domaine http, on remarque souvent un nom de machine : **www.nom.com**. Il faut savoir que www. est un alias permettant de définir l'administrateur du serveur. Cet alias présente un avantage. Le serveur peut être déplacé vers un autre système. Il suffit de modifier alias www, sans redéfinir toutes les URL. Si l'on avait fait référence à la machine, cela aurait été impossible.

Il est également possible de diriger une URL vers un site totalement différent pour interdire ou détourner l'accès au site d'origine. La demande sera automatiquement dirigée sur le site miroir. Le trafic sera alors renvoyé vers ce site, et l'opération restera transparente pour la personne qui se connecte à l'ancienne URL.

Peut-être n'est-il pas tout à fait inutile d'indiquer les suffixes les plus courants :
• MIL, site militaire américain.
• .ORG, organisation à but non lucratif.
• .EDU, éducation pour université.
• .GOV, gouvernement américain.

- .NET, fournisseur d'accès ou tout organisme impliqué dans la gestion du Net.
- .COM, à l'origine, il s'agissait des sociétés commerciales américaines.
- .INFO, site concernant les informations.
- .NOM, pour toute personne souhaitant disposer de sa propre adresse.
- .BIZ, pour business.

Pour la France (fr), vous pourrez rencontrer : .GOUV.FR, .PRESSE.FR, .U-NOM.FR (université), .TM.RF (protection de marque), etc. Chaque pays (États-Unis exclus, sauf la Californie) dispose de lettres identifiantes, comme pour les voitures : uk (United Kingdom), ca (Canada), etc. Comme il n'est pas envisageable d'en fournir une liste exhaustive, vous pourrez en prendre connaissance à l'adresse suivante : **http://www.nic.fr/Procedures/nommage.html**

Ce type d'adresse (DNS, Domain Name System) est la plus mnémotechnique (nom de machine, de réseau, de domaine), mais il existe aussi l'adresse IP (Internet Protocol) qui, elle, est une adresse numérique consistant en trois groupes de chiffres. Le premier groupe indique le réseau auquel est relié l'ordinateur, le deuxième, son numéro de rang, et le troisième, la catégorie (de 1 à 3, selon l'importance du nombre d'ordinateurs). Le *name server* (serveur de nom) se charge d'effectuer la transposition entre la machine et le numéro IP. Certains logiciels permettent de spécifier plusieurs *name servers*. C'est une sécurité, au cas où le serveur principal serait en panne ou engorgé. L'Adress Resolution Protocol (ARP) a pour rôle de faire coïncider l'adresse Internet avec une adresse physique, et de favoriser ainsi le routage correct des paquets IP au destinataire.

Pour utiliser un site dédié, il faut acheter un nom, et cela ne peut se faire qu'après un dépôt sur sites Web (internic, Gandi, etc.). Certains petits malins n'ont pas hésité à déposer des noms génériques (assurance, médecin, etc.) pour les vendre aux enchères. Pour savoir si un nom est déjà réservé : **http://rs.internic.net/cgi-bin/whois**, pour les États-Unis, et : **http://www.nic.fr/info/whois/**, pour la France.

NOTIONS DE BASE

Si les procédures de base se réduisent à saisir un peu de texte, à pointer une flèche avec la souris et à cliquer ensuite pour valider, mieux vaut, pour aborder le piratage, posséder une bonne vue d'ensemble du système Internet et du Web.

Les pages d'un document Web reposent sur deux éléments essentiels :
• L'outil de navigation, qui permet de surfer sur le Net d'une page à une autre.
• Les informations, qui peuvent être : texte, image, son, données.

La technologie du Web relève d'un postulat très simple : inutile de savoir où se trouve le document pour le retrouver. Il suffit d'activer un lien hypertexte (un mot en couleurs, souligné, une icône) pour que le programme puisse atteindre le document en question. Le lien comporte deux parties : le texte et l'adresse (URL). Lorsque vous cliquez sur un lien, le navigateur lit l'URL qui lui est attribuée et se dirige à cette adresse, d'où il envoie un message au serveur hôte pour rapatrier sur votre ordinateur le document demandé. Attention, si vous activez la commande *deep* URL, elle vous enverra le document désiré, mais aussi tous les documents référencés par le lien URL. Si le document a beaucoup de liens, cela revient à rapatrier une masse de documents.

Les pages Web consultées vont se placer dans la mémoire cache (ou antémémoire) de l'ordinateur, et ce pour que l'utilisateur n'ait pas à les rechercher au cas où il désirerait les consulter à nouveau. La mémoire cache peut se situer sur le disque dur ou en mémoire centrale. Cela joue parfois un vilain tour si l'on consulte des pages susceptibles de se périmer rapidement (indice boursier, qui est coté en permanence), mais cela risque également de trahir vos sessions. Pour éviter toute curiosité, il est préférable d'effacer le contenu de la mémoire cache. Sites : **www.ontrack.com** et **www.kburra.com**

On fait une distinction entre un lien relatif, dont les différentes parties du document appartiennent au même site Web, et un lien absolu, qui pointe vers un autre site Web.

Tout document Web est relié à un annuaire officiel. À consulter :

- **http://www.W3.org/hypertext/www/the project.html**
- **http://ananse.irv.uit.no/law/nav/find.html** (recherche d'annuaires Web)
- http://www.cs.colorado.edu/homes/mcbryan/public_html/bb/summary.html (bases de données de sites Web classés par catégories)
- **http://web.nexor.co.uk/mak/doc/robots/active.html** (liste des robots qui explorent le Web)

Qu'il s'agisse de communiquer par e-mail, par *news groups*, de naviguer et se connecter à un site, il faut saisir l'adresse, visiter le site, y rechercher l'information, permettre le chargement d'une autre page, ouvrir un document, télécharger un fichier (FTP), imprimer une page, utiliser les favoris (sites visités régulièrement).

Tout cela exige :
1. de savoir se servir d'un navigateur ;
2. de connaître les moteurs de recherche ;
3. de savoir définir une recherche.

Comme nous l'avons déjà expliqué, le navigateur charge le document Web dans votre machine depuis le site serveur, et ce grâce à différents protocoles de transfert de données : SMTP (le serveur avertit aussitôt le destinataire), NNTP, etc. Comme il existe différents services sur le Net, il existe également différents programmes pour accéder au service de son choix, mais la tendance consiste à recourir à des outils à tout faire. Un navigateur (Explorer, Opera, Mozilla, etc.), parfois appelé butineur ou browser, permet l'affichage des pages Web. Liste des navigateurs Web : **http://www.W3.org/hypertext/www/clients.html**

Le répertoire de recherche permet de survoler un domaine, et l'on s'y déplace parmi une arborescence de thèmes ou de catégories. Chaque répertoire de recherche a un moteur de recherche qu'il vaut mieux utiliser plutôt que de recourir à un moteur quelconque.

Comme il est facile de se perdre sur le Web, et que reconstituer le chemin emprunté n'est pas toujours aisé, des fonctions (history list, bookmark) ont pour but d'enregistrer les documents consultés, ainsi que leur adresse URL. Si un indiscret les consulte, il pourra connaître les domaines visités.

Quel que soit le navigateur adopté, il est toujours possible de procéder à des mises à jour et d'acquérir de nouvelles fonctions appelées *plug-in*. Il s'agit d'assistants permettant l'exécution de fonctions ayant trait au multimédia (Real Audio, QuickTime, Shockwave, Cyberspel, iChat). Ces dernières peuvent introduire un virus, un cheval de Troie. Pour trouver des *plug-in* : **http://www.tucows.com et http://www.stroud.com**

Alors qu'en principe, le FTP n'autorise que la connexion par l'intermédiaire d'un *login* (procédure de connexion), FTP Telnet permet, avec un *password* (mot de passe), d'accéder à tout ordinateur pour lequel vous avez un compte, et ce de n'importe quel coin du globe. Le protocole Telnet n'est pas reconnu par les navigateurs. Il faut aller le télécharger (**http://tucows.html**).

TCP/IP

Ces différents réseaux présentent des caractéristiques techniques (vitesse, débit, topologie) diverses, mais grâce à des protocoles compatibles, l'échange de signaux provenant de sources distinctes (ordinateur, téléphone, radio) peut s'effectuer, et ce par le biais d'un même canal ou non. Ainsi, *via* le protocole TCP/IP (Transfer Control Protocol/Internet

Protocol), tous les matériels peuvent communiquer et interagir en échangeant d'abord des données servant à établir la connexion (*handshake*, poignée de main).

L'intérêt, et non des moindres, à comprendre le principe de fonctionnement du TCP/IP réside dans le fait qu'il s'agit du point faible le plus attaqué par les pirates ou cyberespions. Le TCP émet une première séquence SYN (synchronisation des numéros de séquence) dans le sens client-serveur, indispensable à la demande de connexion. Une deuxième séquence SYN, serveur-client, communique l'adresse du serveur et l'état de la séquence (ACK). La troisième séquence sert d'accusé de réception et à valider la connexion.

Sur Internet et réseaux assimilés, les informations numériques (bits) sont transmises par paquets numérotés, ce qui permet d'en acheminer différentes parties par des réseaux distincts, le tout étant remis dans l'ordre par les routeurs qui font office d'aiguillages. Les logiciels des deux hôtes vérifient si le transfert se déroule correctement. En mode asynchrone, les données sont expédiées par blocs, et seul chaque bloc est précédé et terminé par une information. Dans le Binary Synchronous Communication (BSC) développé par IBM, les données sont véhiculées bloc par bloc et dans un seul sens, ce qui requiert 4 lignes pour une liaison duplex (dans les deux sens). À la réception de chaque bloc, le receveur expédie un accusé de réception. Le High Level Data Link Control (HLDLC) permet quant à lui d'envoyer plusieurs blocs avant le retour de l'accusé de réception, technique favorisant un plus grand débit.

Une adresse IP identifie une machine d'un réseau, et chaque adresse est publique et unique. Elle est codée sur 32 bits et représentée par un quadruplet (4 octets) compris dans l'intervalle de 0 à 255 (par octet), ce qui donne près de 4,3 milliards de combinaisons. L'agrégation des adresses correspond à la notion de préfixe réseau. Les premiers bits de gauche identifient un réseau. On en compte trois classes, désignées par les lettres A, B, et C.

Le protocole IP contribue à l'acheminement des paquets ou blocs entre l'émetteur et la machine du destinataire, avec l'échange des adresses IP. Les paquets peuvent, pour leur acheminement, être fragmentés, et parvenus ensuite à destination, être replacés dans leur ordre initial. Le protocole passe inaperçu à l'utilisateur, mais pas à un « *sniffer* » qui, lui, permet la lecture des data IP. En ce qui concerne le FTP, l'échange des protocoles n'est pas transparent et peut être observé.

Les piles de protocoles sont des couches logicielles qui interagissent pour accomplir une fonction définie (protocoles de haut niveau – UDP – TCP – IP & ICMP/Internet Control Message Protocol – réseau local – matériel). La couche basse assure la gestion au niveau des machines hôtes, tandis que la couche haute, qui fait appel à un protocole particulier, est dédiée aux applications des utilisateurs (traitement de texte, tableur, navigateur, etc.). Chaque couche utilise un protocole particulier pour communiquer avec la couche limitrophe. Le système à couches est conçu pour faciliter la conception et la maintenance des programmes, car un changement dans une couche logicielle ne saurait influer sur une autre.

Le TCP/IP intervient sur Internet, mais aussi sur Intranet, Ethernet. Voici le principe du TCP/IP à couches :

1. couche application, qui sert d'interface entre l'utilisateur et la couche 2 ;
2. couche transport. Elle se charge de rédiger l'en-tête ;
3. couche IP, qui a pour rôle d'ajouter l'adresse IP et de gérer la transmission des paquets. Les paquets des couches supérieures sont encapsulés dans les paquets IP ;
4. couche liaison de données, Internet Control Message Protocol (ICMP), qui fournit les messages de contrôle et de synchronisation. Elle est également chargée de la détection et de la gestion des erreurs ;
5. couche UDP (User Datagram Protocol), qui sert à l'envoi des paquets sans garantie d'acheminement ;
6. couche TCP, qui assure la réception ordonnée des paquets (*handshake*) ;
7. couche physique, qui constitue l'interface entre les entrées et les sorties (*in-out*).

La liaison étant de type duplex, ICMP se retrouve dans l'application Ping, bien connue des pirates et sur laquelle nous reviendrons.

Tout ordinateur relié à Internet s'appelle un site. On y rencontre de tout : PC, Mac, Unix. Un site est relié à Internet *via* un modem (modulateur/démodulateur) et un routeur. Ce dernier permet de relier les réseaux pour aboutir au serveur qui gère le document Web désiré. Chaque serveur correspond à un ordinateur, qui reçoit les messages entrants et sortants en utilisant une ligne affectée à cet usage. On parle de ports (numérotés de 0 à 65635). Par convention, les services Internet sont rattachés à des numéros de ports fixes. Le port 25 est dédié au service SMTP (courriels), le 80, au HTTP (consultation de sites Web), le 119, au NNTP (forums), etc. Les ports sont très prisés des pirates et constituent la porte d'entrée de votre machine (il en existe d'autres). Vous entendrez parfois le terme de *socket*. Il s'agit de l'une des deux extrémités de la liaison entre l'adresse IP et un port. Deux *sockets* sont nécessaires pour caractériser la liaison (un à chaque extrémité de la liaison). La communication *via* des réseaux du même type s'effectue par des « ponts », qui garantissent la transparence de fonctionnement. Le *gateway* (passerelle) assure la transparence entre un réseau IP et le réseau téléphonique classique (RTC). On appelle B-routeur le dispositif servant à la fois de pont et de routeur.

Internet a rapidement été victime de son expansion fulgurante. Il a fallu passer de IP version 4 à IP version 6. Au début des années 1990, les adresses de classe B disponibles devinrent insuffisantes. Une adresse IPv4 correspondait à un mot de 32 bits, et une adresse IPv6, à un mot de 128 bits. La création d'adresses a donc été multipliée par quatre. L'adresse IPv6 correspond au découpage du mot de 128 bits en 8 mots de 16 bits, chacun étant exprimé en hexadécimal. Par ailleurs, le format des en-têtes a été simplifié et améliore nettement le traitement et l'acheminement des données. La configuration automatique des équipements a représenté un autre atout majeur.

Le format des datagrammes, ou paquets IPv6, a lui aussi été profondément modifié et simplifié. Ces changements, qui contribuent aux performances des routeurs, intéressent également les hackers, qui en transforment certaines parties. Dans IPv6 :

- L'en-tête ne contient plus de champ *checksum* (somme de contrôle). Tous les protocoles de niveau supérieur possèdent de bout en bout leur *checksum*.
- Le *cheksum* d'UDP intègre un pseudo en-tête (il ne porte plus sur le message ICMP).
- La taille des en-têtes reste fixe. Le routeur peut ainsi déterminer exactement où commence et où se termine la zone des données utiles.
- Les champs sont alignés sur 64 bits, afin de mieux correspondre à l'architecture à 64 bits.
- La taille minimale des MTU (Maximum Transmission Unit) est de 1 280 octets, pour rendre l'encapsulation des paquets compatible avec Ethernet (1 500 octets).
- La fonction de fragmentation a disparu des routeurs. Le PMTU (Path MTU) la rend inutile. Une extension a cependant été prévue.

USENET

Internet, ce n'est pas uniquement surfer sur le Net, c'est aussi la possibilité de participer à des milliers de forums et discussions sur plusieurs milliers de sujets (nombre en croissance constante). On parle alors de *news groups*. Alors que sur le Net, on reste un « voyeur », sur Usenet (User's Network) on peut, au travers de forums, *news groups*, conférences et groupes d'intérêts spéciaux, poser des questions, échanger des fichiers, des programmes, ce qui ne manque pas d'entraîner une réaction en chaîne à travers la planète. Ce qui devrait, en principe, enrichir le débat ou la réponse convoitée. Il est possible d'y joindre les spécialistes d'un sujet « pointu » et d'y découvrir des informations de grande valeur, ce qui est loin d'être le cas sur le Web.

Sur NetNews (autre nom d'Usenet), la censure n'existe pas ; du moins, en théorie. Pour qu'elle soit vraiment applicable, il faudrait contraindre l'utilisateur à ne passer que par un seul fournisseur d'accès pour tout le pays, comme en Chine ou en Birmanie, où une autorisation est nécessaire pour détenir un modem ou un télécopieur. Les news (articles, *post*) sur Usenet sont relayées par des serveurs de news qui utilisent entre eux le même protocole (par exemple, NNTP), ce qui permet à un message de se retrouver en temps réel sur des milliers d'ordinateurs. La masse d'informations qu'on peut y découvrir est considérable. Il y a plus de 100 000 articles quotidiens, 90 000 sites hébergeant 20 000 groupes de discussion. Mais il faut savoir que votre serveur n'abrite peut-être pas le serveur de news qui vous intéresse. Vous devrez en faire la demande ou consulter un autre serveur de news.

Dans les *news groups*, on rencontre plusieurs catégories :
- .sci. (discussions scientifiques de niveau élevé).
- .new. (dédié aux utilisateurs Usenet).
- .misc. (groupes n'appartenant à aucune autre catégorie).
- .talk. (débats sur l'actualité).
- .alt. (alternative parle de tout, abrite des groupes peu visités, éphémères ou dont la création a été refusée).
- .biz (business).
- .rec. (hobbies et loisirs).

Pour découvrir l'intitulé d'un *news group*, on peut utiliser son nom, le sélectionner parmi la liste proposée par le fournisseur d'accès, ou bien effectuer une recherche sur certains mots-clés. Avec très peu de pratique, vous deviendrez capable de dénicher le groupe que vous recherchez, mais ne vous fiez pas toujours à son nom pour en déduire le *topic* (sujet).

Précisons que s'abonner à un *news group* revient à pouvoir consulter les messages qu'il contient. Pour chaque *news group* auquel vous êtes abonné, vous obtenez la liste des articles récents sur vos sujets de prédilection (votre fournisseur d'accès et certains mouchards savent quels groupes vous consultez).

Tout comme pour le Net, un moteur de recherche est indispensable. Certains moteurs se voient souvent reprocher une difficulté à sélectionner les *news groups*. Il faut soit déjà en connaître l'adresse, soit parcourir la liste de tous les groupes. Pour remédier à ce handicap, on peut utiliser une liste des groupes et/ou un moteur de recherche qui se chargera de la sélection selon un mot-clé.

Pour une première approche et se familiariser avec les *news groups*, le site DejaNews permet de :
- Disposer d'un moteur de recherche.
- Rechercher les messages écrits dans les *news groups* ou d'après l'adresse e-mail ;
- Lire les messages postés dans les *news groups*.
- Envoyer des messages aux *news groups*.
- Consulter l'ensemble des messages sur Usenet.

Le message destiné au *news group* se compose de divers champs. Savoir en prendre connaissance peut déjà fournir quelques informations. Il comprend :
- Un en-tête comportant 10 à 30 lignes de texte souvent inscrites automatiquement pour en permettre l'acheminement.
- Subject : Re (reply), reply to si l'adresse de référence est différente de celle de l'expéditeur.
- Date : en G.M.T. (Greenwich Mean Time).
- From : la provenance.
- Posting frequency : fréquence de postage (hebdomadaire, mensuelle).
- Expires : nombre de jours pendant lesquels le message est disponible (de 3 jours à 1 mois).
- News groups : ensemble de groupes destinataires de l'article.
- Message-id : identification (expéditeur, type de machine, etc.).
- Path : itinéraire suivi par le message.
- Sender : lieu d'expédition du message.
- Reference : chaîne pour identifier une suite d'articles.

• Content type : encodage utilisé.
• Organisation : nom de la société, de l'université, etc.
• Distribution : destinataire dans un pays étranger.
• Lines : nombre de lignes composant le message.
• x-mailer : programme utilisé par le système d'exploitation pour le lecteur de news.
• x-disclaimer : indique que le correspondant s'exprime en son nom personnel.
• x-last-updated : date de la mise à jour.
• x-no-archive : signifie que l'on ne souhaite pas voir ce message archivé.
Si cela n'est pas respecté, on ne dispose d'aucun recours légal.

En réalité, les seules mentions indispensables sont : news groups, message, ID, date et subject. Après l'en-tête vient le corps du message, qui peut quant à lui contenir plusieurs centaines de lignes. Si le message dépasse la taille maximum admise, il convient de le diviser en plusieurs parties.

Lors d'une réponse et pour faciliter la discussion, on pratique le *quoting*. Chaque phrase est précédée du signe > (parfois :). En cas de réponses en cascade, chaque article est « quoté » pour signaler qu'il ne s'agit plus du texte de la personne précédente. Avec un peu de pratique, cela facilite le suivi d'une conversation. Puis le corps du message se termine par la signature, qui peut contenir une adresse e-mail, un numéro de téléphone, un nom.

Avec les listes de diffusion accessibles depuis Usenet, les messages postés sont distribués par e-mail aux abonnés de la liste. Cela accroît considérablement le trafic sur le réseau et dans la boîte électronique, mais on est ainsi assuré de ne manquer aucun des messages du groupe.

Pour consulter les listes de diffusion (liste de courrier, *mailing list*) *via* Usenet, allez dans les groupes bit-listserv.*. ou majordome, qui sont les deux serveurs de listes les plus usités. Pour connaître l'adresse des forums :
http://www.reference.com/pn/help_1.0/sources.html - webforum

UNE PETITE RÉVOLUTION

Téléphoner *via* Internet reste, pour le moment, agaçant, mais cela devrait changer grâce au Voice over Internet Protocol. Avec le système VOIP, plus besoin d'être devant le PC pour communiquer avec son interlocuteur. Il suffit de le relier à un boîtier, lui-même connecté à la ligne du fournisseur d'accès ADSL. Pour appeler votre correspondant, accédez à votre répertoire téléphonique ou carnet d'adresses, sélectionnez votre correspondant et cliquez. L'appel arrivera sur le poste téléphonique de votre correspondant. Si vous appelez d'une borne sans fil, rien ne viendra trahir l'origine de votre appel. Non seulement le numéro appelant ne s'affiche pas (du moins pour l'instant), mais il est même possible de procéder à des transferts d'appels. Les V.R.P., les amants, les maîtresses pourront laisser croire à leur correspondant ce qu'ils veulent sur le lieu où ils sont censés séjourner.

Cette technologie, très largement adoptée outre-Atlantique, a déjà été prise en défaut. Une compagnie d'assurances utilisant 1 000 lignes VOIP a été aux abonnés absents pendant près de huit heures. Un pirate était passé par là. La compagnie a perdu plusieurs centaines de milliers de dollars. Une banque a pour sa part été victime d'un vers qui a paralysé le VOIP ! Pertes ? Environ un million de dollars. Sur le logiciel Skype, une faille permettait de transférer des fichiers vers un autre utilisateur du même logiciel. La parade consistait à refuser le transfert en cliquant sur « annuler ».

Il faut savoir que dans ce type de téléphonie, les conversations sont transmises sous forme de paquets. Le pirate peut scanner les paquets téléphoniques (Vomit) et prendre ainsi connaissance des conversations, voire placer un cheval de Troie. Si vous décidez d'acquérir ce produit, vous devez impérativement installer un logiciel capable de crypter vos conversations.

Les logiciels de téléphonie sur Internet pourraient bien faire l'objet d'une nouvelle loi antiterroriste. Les FAI (fournisseurs d'accès à Internet), les opérateurs de téléphonie et les cybercafés doivent conserver pendant un an les données de connexion de leurs clients, alors que la technologie P2P, Skype et assimilés utilisent le réseau Internet d'une manière décentralisée, bénéficiant d'une confidentialité accrue contre les interceptions.

CHAPITRE VIII

CYBERDÉLINQUANCE

La micro-informatique a transformé la vie de toutes les sociétés, mais cela n'a pas été sans entraîner de nouveaux risques : cybercriminalité – cybersabotage – cyberespionnage – *cyberwar* – cyberembuscade, sans oublier la cybercuriosité qui porte atteinte à la vie privée de chacun. Cet engouement pour le piratage informatique est essentiellement apparu à la sortie du film *War Games*. Ce film émerveilla les jeunes passionnés d'informatique, passion qui, depuis, n'a cessé de se répandre à travers toute la planète. En 1984, le Chaos Computer Club (CCC) réussit, *via* un micro-ordinateur relié par un modem à la ligne téléphonique de la Caisse d'épargne de Hambourg, à débiter en une nuit la somme de 135 000 DM. Cela augurait du danger que recouvraient l'informatique et la télématique. On assista dès lors en continu à la non moins classique évolution de l'arme et de la cuirasse.

Lors des négociations du GATT de 1994, les services américains n'auraient pas hésité à pirater les ordinateurs du Parlement européen. En 1997, des pirates seraient parvenus à saturer le système informatique de la National Aeronautics and Space Administration (N.A.S.A.) chargé de contrôler le rythme cardiaque des astronautes, et ce au moment de l'arrimage de la navette américaine sur la station MIR. Le réseau connaîtra aussi les attaques informatiques par saturation (des millions de messages sont expédiés à un site cible) bloquant quelques sites géants : Yahoo, eBay, la chaîne de télévision CNN, amazon.com. Pour ce cybersabotage, on parlera de complot organisé.

La société RTMark n'est pas tout à fait une société comme les autres. Elle encourage les investissements dans des projets de sabotage des produits commerciaux. Quelques dizaines de dollars suffisent pour en devenir « membre ». À sa décharge, ses actions viseraient un but « éducatif ». Au nombre de ses interventions figure le site Nike : les visiteurs étaient dirigés sur le site concurrent Adidas. Auparavant, les victimes furent : l'OMC (Organisation mondiale du commerce), Microsoft, Shell, et même le site de George Bush.

La Defense Information Systems Agency (DISA, Agence américaine des systèmes d'information de l'armée) a, sur une période de trois ans, procédé à 1 800 tests d'intrusion en utilisant des logiciels grand public, dont certains sont disponibles gratuitement sur Internet. Le résultat est éloquent. 88 % de réussite, et dans 96 % des cas, les intrusions n'ont pas été repérées. Et seulement 4 % des cas ont été rapportés !

NOUVELLES FORMES DE CONTREFAÇON

Au départ, la piraterie informatique consistait principalement en la copie illégale de logiciels (déplombage) et la contrefaçon. Si les *back up* (copies de sauvegarde) sont autorisés afin de se prémunir d'un endommagement accidentel (rayure, café renversé, fausse manipulation) du logiciel original, les copies à d'autres fins sont strictement interdites. La Business Software Alliance (BSA, Association de défense des droits des développeurs de logiciels propriétaires) estime à 44 % les logiciels illicites en circulation en France. L'arrivée de graveurs et cd-Rom vierges à des prix dérisoires a lancé un nouveau marché de la contrefaçon. Pour y remédier, la Société civile des producteurs phonographiques (SCPP) a demandé à la CNIL (Commission nationale de l'informatique et des libertés) l'autorisation d'exploiter un logiciel capable de repérer les internautes qui échangent des fichiers musicaux. Sur les réseaux *peer to peer*, certaines entreprises vont même plus loin avec des fichiers piégés (*spyware*).

Internet constitue également un espace de créativité où les créateurs de sites sont à la merci de nouveaux pirates, qui n'hésitent pas à piller les idées des autres, voire le site lui-même. Cela a entraîné l'apparition d'une nouvelle contrefaçon. Un site à l'autre bout de la planète peut utiliser indûment le logo, la marque, le slogan d'une compagnie de renom. McDonald's estime que l'utilisation de ses slogans publicitaires par des concurrents vendant des produits similaires équivaut à une perte de chiffre d'affaires de plusieurs millions de dollars. À Chypre, un vendeur de surgelés emploie abusivement le nom Pizza Hut. À Buenos Aires s'est ouvert un terrain de golf Mickey, sans parler des dépôts de marque abusifs (plus de 10 millions de marques enregistrées), qui attendent d'être rétrocédés à leur propriétaire initial. La contrefaçon ne cesse de s'amplifier. On évalue à 2 milliards de dollars par an la perte liée à la contrefaçon. Ne dit-on pas que derrière chaque internaute se cache un pirate en puissance ?

Il faut savoir que les droits d'auteur protègent les œuvres diffusées sur Internet. Quand vous achetez une carte postale, son prix d'achat n'inclut pas le droit à une reproduction. L'image ne vous appartient pas. Si vous la scannez pour illustrer une page Web, vous êtes en infraction ! Il faut demander au propriétaire titulaire des droits l'autorisation de la placer sur le site. En général, le tarif dépend de la durée. Pour une photo sur cd-Rom tirée à quelques centaines d'exemplaires, il vous en coûtera environ 30 euros.

Les cd-Rom et/ou sites Web sont une sorte de base de données reproduisant une compilation d'informations qui, à elles seules, ne sauraient impliquer une protection de droits d'auteur (listes, etc.). En revanche, le travail fourni pour réunir toutes ces informations et les diffuser représente une valeur ajoutée. La difficulté est alors de déterminer qui en est l'auteur : le photographe, l'infographiste, le compilateur ? Comme une page Internet peut être multimédia (image, son, texte), elle peut être protégée par différents organismes.

Pour peu que l'on intègre une image (photo, logo) auparavant modifiée, il n'est pas facile de déjouer ce type de fraude, et la situation peut très vite se compliquer. Les parades sont les suivantes :

- Tatouer la photographie en y insérant un élément d'identification, comme un *plug-in* (société Digimarc), mais rien ne saurait être fiable à 100 %.
- Crypter l'image, visible alors seulement après avoir livré le PW (*password*, mot de passe) correct.
- Associer à l'image un Inter Deposit Digital Number (IDDN), pour que la source du document et le nom de l'auteur s'affichent lors de la demande du document.

La meilleure prévention pour ne pas se faire piller ses pages HTML consiste à générer un code à la suite. Lorsque la source du document sera demandée, on obtiendra en retour une masse de caractères où même son auteur y « perdrait son latin ». Il est donc fortement conseillé à ce dernier, s'il désire procéder à des modifications ultérieures, de conserver une version ni cryptée ni compactée.

Autre possibilité : verrouiller les sous-répertoires du site et inclure une page HTML portant le nom du fichier index.html. Si quelqu'un veut lister ce sous-répertoire, il sera automatiquement dirigé vers ce fichier par défaut, qui devrait en principe contenir uniquement la page du site. Autre risque éventuel : la création d'un lien vers un autre site. Cela n'est pas répréhensible en soi, sauf si on fait comme Total News Inc. Ce site proposait des liens hypertextes renvoyant à d'autres sites, dont il avait cependant pris la précaution de faire disparaître les cadres d'origine et toute marque d'identification. Seul le logo, l'URL et la publicité du petit futé apparaissaient sur l'écran. Il a été accusé de détournement commercial et d'atteinte aux droits d'auteur et des marques. Pour éviter d'être recadré de manière abusive, ou lié par d'autres sites, il faut procéder, par un code en JavaScript, au blocage du cadre et des liens non autorisés.

Autre risque encouru : la modification de la page d'accueil (*defacing*). Un hacker peut être tenté de la modifier pour discréditer l'organisme. Une mésaventure arrivée à l'Unicef, au FBI, à la NSA, à la CIA, à l'*International Herald Tribune*, etc. Si le pirate peut s'introduire sur le serveur en profitant du privilège administrateur, plus rien ne l'empêchera d'accéder à toutes les pages qui ne seront pas spécifiquement protégées. Pour ne pas susciter ce type d'attaque, mieux vaut :

- Publier des images qui n'attirent pas la manipulation (difficile).
- Opter pour des niveaux de gris (colorisation ultérieure moins aisée).
- Choisir une image très fortement compactée (JPG), qui compliquera la retouche.
- Protéger la page par un mot de passe.

Le plus difficile, pour un auteur, reste de savoir s'il est plagié. Pour avoir une petite chance de découvrir le plagiat, il faut utiliser un logiciel particulier et lancer des requêtes bien construites. Mais cela ne permet de repérer que ce qui est référencé.

LUTTE CONTRE LA CYBERCRIMINALITÉ

Le piratage des logiciels et le réseau Internet constituant de nouveaux vecteurs de criminalité et de délinquance, 1994 a vu naître deux services chargés lutter contre tous types de fraudes informatiques. La Brigade centrale de répression de la criminalité informatique (BCRCI) qui deviendra, quelques années plus tard, l'Office central de lutte contre la criminalité liée aux technologies de l'information (OCLCTI). Et le Service d'enquêtes sur les fraudes aux technologies de l'information (SEFTI), dépendant de la préfecture de police, qui deviendra en 1999 la Brigade d'enquêtes sur les fraudes aux technologies de l'information (BEFTI). L'Institut de recherche criminelle de la gendarmerie nationale (IRGN) a débuté ses investigations sur le Net en 1996, avec l'arrestation des pédophiles qui opéraient sur Usenet (forum de discussion).

Le travail quotidien de ces unités consiste principalement :
- à intercepter le courrier informatique ;
- à tracer les messages pour remonter à leur origine ;
- à veiller pour repérer, déceler, localiser un délit.

http://www.rcmp-grc.gc.ca/html/informat.htm (criminalité informatique)
http://www.intb.com (référence et numéro du matériel informatique volé)

L'univers underground des pirates a, comme toute communauté, son vocabulaire, et la « scène » désigne la planète virtuelle, accessible à tous. Les activités peuvent se résumer au sigle HPCCAV :
- H, pour *hacking*, intrusion frauduleuse.
- P, pour *phreaking*, le piratage téléphonique.
- C, pour *carding*, la fraude aux cartes bancaires.
- C, pour *cracking*, déprotection des programmes.
- A, comme *anarchy*, la contre-culture avec ses messages subversifs et provocateurs.
- V, pour *virus*, l'infection de programmes.

DIVERS TYPES D'ATTAQUES

Les attaques peuvent se classer en six catégories :
1. Vol d'informations pour usage personnel, la revente ou paralyser l'entreprise.
2. Atteinte à la vie privée (contrainte possible).
3. Fraude, chantage et escroqueries diverses.
4. Sabotage par destruction de données, de matériel.
5. Prolifération d'une rumeur déstabilisatrice.
6. Modification des pages d'un site, pour porter atteinte à la crédibilité de l'entreprise.

La gravité des risques d'une intrusion informatique dépend de la vulnérabilité du système et de la non-détection de ladite intrusion. On peut se retrouver confronté à une destruction de données, à un vol d'informations, à une *soft bomb* (bombe logique), au détournement de temps-travail, au sabotage, à une escroquerie, à une boîte aux lettres servant à des délinquants (gang des Barbares), à un virus visant à paralyser un site et/ou employé pour un chantage, à des rumeurs, à une intoxication, à une déstabilisation, au *spaming* (courrier publicitaire), au *spoofing* (message se faisant passer pour un expéditeur connu du destinataire).

La NSA (National Security Agency, Agence américaine de la sécurité nationale) a identifié 4 groupes spécialisés dans les détournements de fonds bancaires. En 1996, le FBI et la police de Saint-Petersbourg ont arrêté une bande de pirates qui avait détourné les codes secrets des clients de la City Bank et qui, après s'être introduits sur le réseau, étaient parvenus en cinq mois à détourner plus de 7 millions d'euros.

Parfois, la technique mise en place pour détourner des fonds consiste à prélever les arrondis de toutes les transactions financières effectuées et à les reverser sur un autre compte. Cette pratique, connue sous le nom de « méthode du salami », peut sembler mesquine, mais quand on sait que les transactions entre banques se font jusqu'à la huitième décimale, et vu le nombre d'opérations réalisées, on atteint vite des sommes importantes. Dans près de 80 % des cas, il s'agirait d'employés qui attaquent le système informatique de l'intérieur.

Pour s'opposer à ces pratiques, on a mis en place des mots de passe censés, en principe, ne permettre l'accès au réseau qu'aux personnes habilitées. C'était oublier la maxime : « Tout ce qu'un homme a fait, un autre peut le défaire » et l'ingéniosité des escrocs. On ne tarda pas à voir apparaître des dictionnaires informatiques qui essayaient tous les *passwords* pour parvenir à découvrir le sésame.

Pour trouver le mot de passe, il suffit parfois d'employer un mot en rapport avec l'entourage ou le hobby de l'utilisateur du poste. Citons, parmi les plus courants : le nom de l'utilisateur, un nombre significatif (date de naissance, immatriculation, téléphone, sécurité sociale, numéro du microprocesseur), un nom de lieu, un prénom, les dieux de la mythologie, le nom d'un sportif, d'un acteur, d'un personnage célèbre, un proverbe, un surnom, un terme en rapport avec la biologie, un mnémonique (séquence de touches du clavier azerty : 12345, abcdef), un vocable extrait de la Bible, de l'astronomie.

Pour découvrir les mots de passe, des psychologues de l'université du Hertfordshire ont analysé la liste piratée des 151 000 *passwords* de l'hébergeur Multimania, liste qui s'était retrouvée en 1999 sur le Web, et interrogé un panel d'utilisateurs. Helen Petrie en a dégagé quatre catégories. Les « familiaux », qui représentent 47 % et qui choisissent leur prénom ou nom, le prénom de leur enfant (20 %), le surnom de leur partenaire (15 %), le nom de leur animal domestique (6 %), leur date de naissance (3 %). Les « fans » (32 %) de sport (44 %), dessins animés (28 %), stars du cinéma (11 %), stars du petit écran (10 %), d'autres célébrités (10 %). Les « obsessionnels » (11 %), qui optent pour des mots de passe révélateurs de leurs penchants sexuels : maîtresse (15 %), fessée (8 %), mots orduriers (5 %). Les personnes vraiment soucieuses de la sécurité ne représentent que 9 %.

Pour se prémunir du risque d'intrusion par la méthode itérative d'essais successifs de mots de passe, on peut limiter l'introduction du PW à trois essais. Au-delà, l'application se ferme et/ou la ligne téléphonique est « coupée ». Le pirate doit relancer la procédure et établir une nouvelle connexion, ce qui ne tarde pas à lui sembler très long, en tout cas trop long. Le pirate doit donc trouver une autre façon de s'introduire dans la place. Cette question est résolue par ce que l'on appelle les mots de passe système. L'usage de ces *trapsdoors*, *backdoors*, ou *super zap* repose sur le fait que les informaticiens ont besoin d'une porte d'accès pour être en mesure d'apporter des modifications, des mises à jour (*patch*) au système. Ils adoptent, pour s'affranchir des sécurités, des commandes prédéfinies.

Comme il n'est pas toujours facile de prendre connaissance des *passwords* ou des codes d'accès, certains pirates récupèrent sur Internet de petits programmes qui peuvent être introduits et dissimulés dans un programme existant. Leur particularité ? Intercepter les mots de passe saisis par les personnes autorisées pour, ensuite, les stocker dans un coin de la mémoire où ils pourront être consultés. C'est le bon vieux principe du cheval de Troie. Cela peut paraître difficile à un novice, mais il suffit de connaître l'adresse où s'effectuent l'échange du mot de passe et sa validation pour procéder à son interception. Ces *spywares* (*spy software*, espiogiciel) sont souvent délivrés par des *freewares* (gratuiciels), *sharewares* (partagiciels), jeux, messageries instantanées. Vous répondez à une offre alléchante pour laquelle vous chargez un *plug-in*, et le piège se referme. Le programme peut, par exemple, couper les haut-parleurs et détourner la connexion établie vers un numéro payant à plusieurs euros la minute ! Vous ne vous apercevrez de ce type d'escroquerie, baptisée « PC Dialer », qu'à réception de votre facture de téléphone. Si cette escroquerie est évitée avec l'adoption de l'ADSL, ce genre de connexion étant permanente, l'adresse IP change moins souvent, laissant au pirate davantage de temps pour agir. Les escroqueries sont légion. Le manque d'informations pragmatiques et l'imprudence font de chacun d'entre nous une victime potentielle.

Un anti-trojan peut lui-même être le cheval de Troie ! Certains pirates, pour éviter d'être détectés, renomment le fichier d'un utilitaire contenant le cheval de Troie. Le langage souvent utilisé ? C++, et l'occupation sur le disque dur peut se réduire à 40 Ko. Quant à Delphi, il peut créer un fichier exe, c'est-à-dire un exécutable. Il est clair que certaines fraudes requièrent une bonne connaissance du système d'exploitation informatique et de la gestion des contrôles internes. Il ne faut donc pas s'étonner de retrouver parmi les pirates de haut niveau des professionnels de l'informatique et des réseaux.

Confronté à un acte quelconque, on se posera la question de savoir qui a accès à l'ordinateur durant les heures de travail, et c'est là qu'intervient la notion de travail en réseau. Plusieurs utilisateurs n'appartenant pas forcément au même établissement peuvent échanger à distance des données informatiques, soit par le réseau dédié (Intranet, Ethernet), soit par l'intermédiaire du réseau téléphonique. Dès lors, quasiment tout le monde a les moyens de se greffer sur la ligne pour intercepter les signaux et les données convoitées.

Un pirate n'eut pas besoin de recourir à l'une de ces pratiques. Se faisant passer pour un étudiant en musicologie chargé d'écrire un article sur les mots de passe, il envoya aux utilisateurs d'un serveur le questionnaire suivant :

Étude de la structure des mots de passe

a) Relation entre les symboles de votre mot de passe

- contient-il deux lettres identiques ?

❑ OUI ❑ NON

- contient-il plus de deux chiffres identiques ?

❑ OUI ❑ NON

b) Structure des mots de passe
Indiquez en marquant d'une croix la position des lettres dans votre mot de passe :

ABCDEFG....012...

c) Le premier symbole de votre mot de passe est-il un 0 ?

❑ OUI ❑ NON

d) Lettres constituant votre mot de passe
Pouvez-vous classer par ordre alphabétique les lettres composant votre mot de passe ?

e) Adresses d'autres utilisateurs de ... ?

L'exemple n'est pas isolé. Un chercheur travaillant dans le secteur de la haute technologie reçut, sous prétexte de figurer dans le *Who's Who*, un questionnaire très indiscret. Quels étaient ses hobbies, les écoles qu'il avait fréquentées, de quelle association d'anciens élèves était-il membre, etc. ? Son attention fut attirée par le fait que le questionnaire était à retourner en Amérique latine.

Il est quasiment impossible de chiffrer le montant des pertes liées à l'informatique. Nombre de sociétés ne portent pas plainte, craignant de faire des émules et de voir leur cotation en Bourse s'effondrer. On sait que France Télécom recense parfois près de 1 000 tentatives d'entrée frauduleuse en un week-end. Les services de police estiment à 15 % les cas connus. On peut tout au plus évaluer la fraude. Elle représenterait un préjudice supérieur à 1,5 milliard d'euros par an. Aux États-Unis, le nombre des pirates s'élèverait à 2 300, contre environ 200 en France, dont beaucoup sont répertoriés par les services de police. Mais selon les experts, les véritables « cracks » ne seraient que quelques centaines dans le monde.

Aux pertes financières provoquées par une attaque du système informatique viennent s'ajouter bien d'autres dommages :

- Préjudice commercial.
- Atteinte à l'image de marque.
- Fuite de savoir-faire.
- Perte d'exploitation.
- Perte de contrats.
- Détournement de marchandises ou de valeurs.
- Frais supplémentaires pour compenser les pertes.
- Détournement de temps de travail.
- Vol pur et simple de matériel informatique.
- Vol de fichiers pour le détournement de la clientèle.
- Perte des droits d'auteur, etc.

Parmi les causes des délits informatiques figurent :

- Le profit financier.
- Le blanchiment d'argent.
- L'espionnage industriel, technologique, commercial.
- L'intérêt ludique (plaisir de vaincre le système).

• L'effet psychologique (impression de pouvoir prendre le contrôle d'un organisme).
• La contrainte, pour se livrer au chantage.
• Le sabotage de la part d'un employé, d'un concurrent, de cyberterroristes.

Avec cette dernière catégorie de criminels, il ne faut pas oublier que le système informatique, devenu l'élément clé de l'entreprise, représente aussi sa faiblesse, et qu'il peut être attaqué de l'extérieur ou de l'intérieur.

LES VIRUS

Le jeudi 4 mai 2000, le virus I love you (275 lignes de VBS/Visual Basic Script) paralysa le courrier électronique de plusieurs millions d'ordinateurs, donnant lieu à un bug gigantesque. Ce virus était posté sous la forme d'un e-mail intitulé « *joke* » (plaisanterie) servant à le masquer et se transmettait en cascade à tous les destinataires figurant dans le carnet d'adresses de celui qui l'avait ouvert pour en voir le contenu. Les dégâts occasionnés par ce virus seront estimés à 5 milliards d'euros.

Le virus Mellissa, qui fut l'un des plus rapides et des plus destructeurs mis en circulation, illustrera ce type d'attaque. Le vendredi 26 mars 2000, David Smith se trouve seul dans son appartement situé dans le New Jersey et dont il a tiré les rideaux. En cette fin d'après-midi, les bureaux, les sociétés se préparent à fermer pour le week-end et le niveau de sécurité des systèmes informatiques ne va pas tarder à passer en « veille ».

Avec une autorisation d'accès dérobée à une personne habitant en Floride, Smith envoie son message Mellissa (du nom de la seule petite amie qu'il ait jamais eue) en utilisant l'e-mail d'un abonné à **skyrocket@aol.com**. Il place son message dans le forum de discussion alt.sex. Quelques minutes plus tard, quelqu'un s'est déjà connecté sur ce site pornographique et ouvre le message de Smith, qui propose des codes d'accès gratuits à d'autres sites pornographiques. Dès l'ouverture du fichier, le virus se met à l'œuvre et une réaction en chaîne se produit. Bientôt, des centaines de millions de messages bloquent les systèmes. Le chaos est total. En à peine 24 heures, les systèmes informatiques de grandes entreprises mondiales se retrouvent paralysés. Le site de l'US Navy est contraint de fermer son système de communication entre ses bases. Le Pentagone, ainsi que l'O.T.A.N. entrent en état d'alerte, pensant à une attaque généralisée de cyberterroristes.

Le détenteur du compte dérobé chez AOL voit son trafic passer à plus de 600 e-mails par heure. La plus grande chasse à l'homme de la délinquance informatique est lancée. Chez AOL, on examine des millions de messages pour trouver un début de piste. On découvre que le message ne parvient pas de Floride, où réside le détenteur de la « tête de pont », mais du New Jersey. Le 30 mars, les investigations conduisent les enquêteurs jusqu'à Smith. Il sera arrêté chez son frère. Il encourt quarante-cinq ans d'emprisonnement et une amende de 20 millions d'euros, soit le double des dommages dont il est à l'origine, mais comme il ne s'agit pas d'un cybertechno-terroriste, il sera relâché après le versement d'une caution de 100 000 dollars.

Voyons de plus près ces ennemis subtils que sont les virus, capables d'agir par contamination informatique. Ce sont de petits programmes parasites, introduits dans l'ordinateur pour y être ensuite dissimulés. Il est possible de les implanter dans le système soit en entrant le programme par le clavier, soit *via* l'échange de supports informatiques (bande, disquette, mémoire, C.D.Rom, clé USB, téléchargement). Bien souvent, la contamination se produit lors de l'utilisation d'une disquette infectée, d'un fichier attaché à un e-mail et à même de transférer son programme (de 128 à 9 Ko) « vérolé » dans la mémoire vive de l'ordinateur. Nombre de virus n'agissent pas immédiatement, mais à retardement. Comme pour un véritable virus, il existe une période d'incubation avant de se reproduire et de proliférer jusqu'à saturer le système. Ainsi, un employé craignant pour son poste peut introduire un virus qui deviendra actif après son départ, à une date prédéterminée, ou s'il ne reçoit pas un ordre quotidien d'inhibition. À l'instant choisi par le programmeur, le virus affichera des messages d'erreurs, bloquera des commandes et, dans certains cas, détruira éventuellement des composants de l'ordinateur.

Encore très récemment, on distinguait :
- Le vers du virus, la différence résidant dans le mode de diffusion. Le vers n'est pas fixe en mémoire, mais se déplace afin de rendre sa localisation plus difficile.
- Le virus compagnon, qui profitait sur MS-DOS du fait qu'un programme .com était lancé avant exe. En créant un fichier du même nom, mais en .com, le virus se cachait dans ce fichier. Le système chargeait le fichier infecté et leurrait l'antivirus ;
- Le dindon, variante du vers sous forme d'un petit programme qui doit être lancé par l'utilisateur pour devenir actif ou inactif.
- La bombe logique, un sous-programme dissimulé dans le programme principal, qui peut être activé par des instructions externes, des données préétablies ou préprogrammées pour une date précise, avant d'agir sur le système et d'y provoquer ce pourquoi il a été mis en place.

N'importe qui peut concevoir un virus. Il suffit d'aller sur des sites Internet dédiés à cette activité (ViriGen, Recreator, GVIR) ou d'acheter un cd-rom pour posséder toute une collection de virus. Les plus pressés se rendront sur le site Skam Werks Labs pour obtenir une panoplie complète de virus exécutables, ou Haktek, pour recueillir un logiciel de *mail bomber.*

Il a suffi, pour le virus I love you, de 150 codes de programme provenant de 3 virus déjà connus pour aboutir à la version finale ayant occasionné des dommages dont le montant demeure indéfini. Le *Daily Inquirer* avance le chiffre de 10 milliards de dollars, mais *The Standard* semble plus raisonnable et parle de 1 milliard de dollars. Les premières victimes de ce virus et, par la suite, de bien d'autres, furent les utilisateurs d'Outlook de Microsoft. Si l'on rencontre davantage de virus sur Microsoft, Windows, que sur les autres plates-formes, c'est qu'il s'agit du standard le plus répandu et que ce fabricant de logiciels ne les a guère développés en pensant à la sécurité. Cela ne signifie nullement qu'Unix soit à l'abri. Il est seulement moins atteint par cette épidémie.

Attention ! Le SMiShing ou « *phishing* » *via* SMS permet de prendre le contrôle des ordinateurs par le biais du téléphone mobile. Les appareils peuvent alors devenir des vecteurs de *malwares* (*malicious software*, logiciel malveillant ou maliciel), de virus ou de *scams*. Le *phishing* typique se présente sous la forme d'un message tendant à vous faire adopter un comportement en réponse à ce dernier : « Nous vous confirmons votre commande [alors que vous n'avez rien commandé] sauf si vous annulez votre inscription ». L'annulation aboutit à un site piégé, qui télécharge le *malware* en quelques instants. Votre ordinateur est devenu un zombie et passe sous contrôle du hacker.

Avec leur succès grandissant, les téléphones mobiles, PDA (Personal Digital Assistant) et autres appareils mobiles capables de traiter des données sont devenus une cible pour les auteurs de virus, *spams*. Citons le cheval de **Troie Symbos_skullsa**, plus particulièrement actif sur certains modèles Nokia, ou bien encore **Symbios_cabira**, un vers qui se propage *via* les appareils compatibles Bluetooth. Des antivirus pour mobiles compatibles avec les principales marques sont désormais disponibles. À noter qu'un document PDF peut lui aussi contenir un virus. En effet, Adobe Acrobat permet l'incorporation d'un fichier exécutable. Pour en savoir plus : *www.enfocus.com/support/knowledgeBase/kb047.htm*

Article 323-3 du code pénal : « Le fait de détenir, d'offrir, de céder ou de mettre à disposition un équipement, un instrument, un programme informatique ou toute autre donnée conçus ou spécialement adaptés pour commettre un délit est puni des peines prévues respectivement par l'infraction elle-même ou par l'infraction la plus sévèrement réprimée ». En réalité, vous encourez deux ans d'emprisonnement et 45 000 euros d'amende.

On peut affiner le classement des virus en distinguant deux catégories : les virus systèmes, qui contrôlent le système d'exploitation (*boot*, table de fichiers « FAT », racine de répertoire (*root*), partition du DOS) et les virus programmes concernant les applications exécutables, qui deviennent à leur tour le vecteur d'extensions .com, bat, exe, sys, bin, dll, drv, ovl, ovr. Il n'y a donc pas trop de risques à examiner une disquette (support tendant à disparaître) infectée, tant qu'un programme n'est pas exécuté. Cependant, en mai 2004, un jeune Allemand créa par erreur, semble-t-il, le vers Sasser. En moins d'un week-end, il infecta 18 millions d'ordinateurs, contraignant des sociétés et services publics (hôpitaux, gardes-côtes, compagnies aériennes) à interrompre leurs activités jusqu'à la remise en état de leurs ordinateurs. La particularité de Sasser consistait à infecter le système Windows de Microsoft sans intervention de l'utilisateur. Ce virus, qui n'en était pas vraiment un car il ne détruisait pas les informations comme le faisait I love you, ne fut pas sans rappeler Slammer ou DDOS SQLP1434.A (encombrement 376 bytes). Ce ver s'était attaqué, en janvier 2003, aux machines équipées du logiciel SQL Server de Microsoft. Après avoir pénétré le serveur, il se multipliait indéfiniment et contactait d'autres ordinateurs, mais de manière aléatoire. Il généra alors un trafic énorme, qui encombra tout le réseau.

Pour comprendre le mécanisme d'un virus et s'en protéger, il faut savoir qu'à la mise sous tension d'un ordinateur, celui-ci va activer le Basic Input Output System (BIOS), qui contient les instructions indispensables à l'initialisation du matériel (écran, mémoire, disque, etc.). Le BIOS sert aussi au chargement du secteur d'amorçage du lecteur ou du secteur de partition du disque dur (créé par la commande FDISK du DOS). Le programme de *boot* a pour rôle de charger le Disk Operating System (DOS) en mémoire (IO.SYS), permettant à MSDOS.SYS de prendre la relève en poursuivant le chargement. Il n'est donc pas étonnant que la zone de *boot* ait très tôt été la préférée des virus.

Le virus une fois passé dans la mémoire, il peut activer ses fonctions et redonner la main à l'utilisateur, ou bien intercepter les interruptions du BIOS et/ou du DOS pour les contaminer, puis faire de même pour les supports et fichiers (par exemple, mem et chkdsk). Les cibles privilégiées sont : COMMAND.COM (interprétation des commandes du DOS), IO.SYS et MSDOS.SYS (fichiers cachés), CONFIG.SYS, qui a en charge la gestion des périphériques (*drivers*) et mémoires, AUTOEXE.BAT (commande fichier exécutable à la mise sous tension de l'ordinateur et idéale pour un cheval de Troie). Tout exécutable exe, com, sys, bin, ovl, drv, dll constitue une cible favorite. Un virus fichier est capable de suivre l'arborescence jusqu'au disque dur et de tout infecter.

Le code d'un virus lui sert à :
- tester le fichier pour déceler s'il est déjà infecté (signature SIG) ;
- se reproduire (REP).

Pour permettre son activation, un virus est capable d'écraser un autre fichier, ce qui le rend décelable rapidement, ou, dans un souci de discrétion, d'ajouter un code en évitant soigneusement de détruire le programme infecté. Il peut cependant être trahi par l'augmentation de la taille des fichiers. Mais qui vérifie régulièrement la taille et l'intégrité de ses fichiers ?

En ce qui concerne les virus, certains auteurs distinguent :
- Le virus compagnon. Puisque le DOS exécute les fichiers .com avant les fichiers exe, le virus va donc chercher un exe et le recopier avec une extension .com.
- Le virus auto-encrypteur. Le programme du virus est crypté pour échapper aux antivirus.
- Le virus « arme », qui possède des routines capables de s'opposer à son désassemblage (nombre de virus sont écrits en langage machine).
- Le rétrovirus, qui recherche l'antivirus et le neutralise.
- Le virus *cluster*, qui reste tapi dans des secteurs inutilisés et modifie la table d'allocation des fichiers (FAT).
- Le virus mutant, qui se reproduit avant de s'éliminer après un certain délai.
- L'infection multiple, qui affecte le secteur de démarrage et les fichiers programmes.

- Le virus furtif, qui masque sa présence en détournant les interruptions du DOS et en modifiant le nombre d'unités occupées sur le disque dur pour demeurer indétecté.
- Le virus polymorphe, qui dérive du précédent, mais s'avère capable de crypter son code par compression aléatoire. Rien d'étonnant, donc, à ce qu'il soit très difficile à déceler et à détruire. Mieux, certains mutent au fil du temps (virus Sara).

Les macrovirus

Les commandes macro s'assimilent à une partie du document. Dès l'ouverture du document (fichier, tableau, etc.), la commande active le virus. Ces virus sont dangereux parce qu'il est possible d'écrire un macrovirus sur une application. Pas besoin de connaître l'adressage système. Quelques lignes de programme suffisent amplement.

SIGNES D'UNE INFECTION

- Message inopportun
- Baisse de performances
- Erreur inhabituelle
- Réduction de l'espace
- Accès disque inhabituel
- Augmentation de la taille du fichier
- Réduction de l'espace MEV
- Fichier inconnu
- Suppression de programme
- Atteinte du système
- Dysfonctionnement
- Fichier endommagé
- Sons inhabituels
- Fichier en double exe, com
- Perte de fichier
- Fenêtre ou tiroir du cd-Rom qui s'ouvre
- Impossible d'ouvrir, modifier, copier, supprimer, imprimer un fichier
- Impossible de démarrer la machine avec une disquette de *boot*

Parmi les conséquences d'un virus (ou parfois d'un bogue), mentionnons : le blocage du système, la perte de temps et de productivité pour résoudre le problème, la destruction de la machine, l'énervement de l'utilisateur suite aux plantages. Un cheval de Troie sera quant à lui plus difficile à identifier, puisqu'il ne possède pas de séquence d'installation propre aux virus. Il ne peut être détecté par un antivirus, et encore moins éliminé par ce dernier.

Adresses utiles

Informations sur virus et antivirus :

- **www.eliashim.com**
- **www.helpvirus.com**
- **www.mcafee.com**
- **www.sophos.com**
- **www.symantec.com**
- **www.thunderbyte.nl.**
- **http://www.av.ibm.com/current** (informations sur virus)
- **http://www.europe.datafellows.com/vir-info/**
- **http://www.wordinfo.com/links/macvirus.htm**
- **http://www.kumite.com/myths/home.htm** (virus véhiculés par e-mail)

CHAPITRE IX

LE PIRATAGE INFORMATIQUE

Le mariage des télécommunications et de l'informatique a non seulement transformé les risques, mais il les a aussi multipliés. On peut être confronté à une cyberattaque, au *spaming*, à une *soft bomb*, à un déni de service, aux virus, à un cheval de Troie, etc. Une bombe e-mail peut établir un lien avec des listes de diffusion et agir ensuite par effet d'avalanche. L'accumulation de messages ne tardera pas à se solder par un déni de service.

Vous trouvez cela compliqué ? Et bien sachez que l'on peut tout aussi « facilement » utiliser un DNS pour paralyser un Unix par *flooding* (inondation). On submerge la cible de requêtes, jusqu'à la mettre hors service (HS). Sceptique ? Pour vous en convaincre, faites un tour sur :
http://www.hackerclub.com/km/files/c_scripts/index/html

La première étape, pour le pirate, consiste à se procurer le plan de l'architecture du réseau. En consultant le registre Network Information Center (NIC), où chaque nom de domaine est en principe enregistré, il obtient déjà un plan de l'entreprise. Le Domaine Name Service (DNS), lui, va plus loin. Il fournit des informations sur le réseau interne de l'entreprise. L'intrus en possession d'un plan plus fin est alors en mesure de découvrir l'adresse d'un ordinateur cible. Ensuite, il ne reste plus au pirate qu'à expédier un e-mail au serveur de l'entreprise. Comme le nom est faux, la réponse ne tardera pas à revenir, et avec elle les informations sur le chemin emprunté. Il suffira dès lors de déterminer l'élément du réseau susceptible de lancer une attaque. Le pirate a le choix entre deux méthodes (en réalité, un peu plus). La plus courante étant de repérer un ordinateur qui reste connecté en permanence au réseau et qui offre un port accessible. Bien entendu, le pirate doit supprimer ou contourner l'éventuelle protection d'un *firewall*. Si des individus parviennent à s'introduire sur les réseaux de la CIA, de la NASA, de l'US Navy, etc., on ne peut que s'interroger sur les possibilités des États et leurs aptitudes à mener ce qu'il est convenu d'appeler la *cyberwar*, c'est-à-dire à paralyser ou désorganiser les réseaux de l'adversaire.

Le General Accouting Office, responsable de la sécurité des réseaux informatiques des États-Unis, avance le chiffre de 120 pays capables de se livrer à ce genre de cyberguerre, et ce malgré le contrôle et embargo des transferts de technologies. Même les réseaux contrôlant les satellites américains ont été pénétrés, et certains de leurs programmes dérobés. Des attaques d'autant plus inquiétantes qu'il s'agissait de programmes d'assistance aux tirs de missiles. En 1992, un Lituanien aurait réussi à introduire un virus dans le système de la centrale nucléaire d'Ignalia, provoquant ainsi la mise hors service du système de sécurité ! L'attaque est d'autant plus difficile à prévenir que sa préparation est quasiment indécelable et qu'Internet n'est pas sa cible, mais simplement son outil et le vecteur permettant d'atteindre la véritable cible.

La société Wheelgroup, composée d'anciens spécialistes de l'USAF (US Air Force), se charge de procéder, pour ses clients, à des tests intrusifs visant à mesurer la sécurité. Selon ces spécialistes, cela peut prendre quelques heures, voire quelques jours s'ils sont confrontés à un site particulièrement bien protégé. En revanche, il appartient au National Computer Security Center (NCSC, Centre de sécurité informatique), un département de la NSA (National Security Agency, Agence américaine de la sécurité nationale), d'évaluer les outils informatiques avant leur utilisation par les grandes administrations répondant à des critères de sécurité sévères. Les fonctionnaires de ces administrations suivent des stages de formation auprès de la société Sytex.

Le président américain Bill Clinton a avalisé un décret tendant à protéger les infrastructures considérées comme vitales pour la nation : les communications, l'électricité, le transport, le système financier, la distribution d'eau, les services d'urgence, et un gouvernement bis. Peu après la signature de ce décret, en 1997, un adolescent réussit à bloquer un aéroport pendant six heures ! Il faut bien être conscient que tout automatisme est assujetti à l'informatique. On trouve des microprocesseurs dans les objets les plus courants, alarmes, centres de communications, coffres à fermeture horaire, ascenseurs, et même dans les chambres froides (domotique). Pas besoin d'être un génie de l'informatique pour compromettre la sécurité d'un réseau. Si le *cracker* est généralement un jeune utilisateur de l'informatique qui maîtrise un langage spécialisé et qui possède des connaissances approfondies sur les réseaux, le « challenge » est ouvert à tous. Il suffit de se procurer les outils adéquats et d'étudier les réseaux, des thèmes largement développés sur Internet. À noter que le hacker, ou *cracker*, est bien souvent plus à l'aise sur un système (Unix, Vax, Novell, Mac, Windows NT, etc.) que sur un autre.

Plus un système ou une application sont répandus, plus ils deviennent transparents. C'est le cas d'Unix, dont le code source est tombé dans le domaine public. Si révéler le code source permet d'étudier le programme pour s'assurer qu'il ne recèle aucun piège, et donc, en principe, de renforcer la sécurité, cela contribue également à ouvrir une faille pour un pirate qui, autrement, ne l'aurait peut-être pas découvert. L'examen du code source lui donne l'occasion d'analyser le fonctionnement du programme et de trouver une faille demeurée jusqu'alors ignorée. Unix étant largement présent sur Internet, il n'est par conséquent pas étonnant de voir les *crackers* tentés de s'approprier des privilèges d'accès (*root*) pour, ensuite, prendre le contrôle total ou partiel du système. Sur NT (Nouvelle Technologie), c'est le compte administrateur qui sera particulièrement visé, et sur Novell, le superviseur (*RW execute*).

LES OUTILS DES PIRATES

Avec des outils, des connaissances et la volonté de perpétrer son action, l'individu est en mesure de prendre le contrôle d'une machine, de préférence sur un petit réseau facile d'accès, puis de s'attaquer au réseau d'une multinationale relais, avant de passer au réseau cible. Le fait de transiter par un grand réseau permet de passer plus facilement inaperçu.

On pourrait penser que le matériel grand public est bien inférieur à celui des grosses entreprises, mais il n'en est rien. Le rythme d'apparition de matériels toujours plus performants reste un obstacle pour les sociétés qui voudraient posséder le dernier système. Une plate-forme FTP accessible en écriture offre à l'intrus la possibilité de réaliser une attaque par rebond, c'est-à-dire d'obtenir l'accès vers un autre serveur (FTP), d'où l'importance, pour l'administrateur réseau, d'interdire toute connexion établie à partir d'un identifiant système (*root – bin – nobody*, etc.).

Internet est un réseau ouvert. L'attaquant peut donc être n'importe qui opérant de n'importe où. Tandis qu'un Local Area Network (LAN) se restreint, en principe, aux seuls employés. L'attaquant ne peut alors être qu'un membre du personnel, puisque les machines sont toutes reliées à la même « boucle ». Les machines sont ainsi en mesure de capturer toutes les données qui circulent sur le réseau, mais elles répondent uniquement aux données qui leur sont destinées.

Le moment le plus propice pour procéder à une attaque semble être la nuit. Le site est plus facile à atteindre, l'administrateur réseau dort, le personnel est en effectif réduit, et si l'attaque a lieu de l'autre côté du globe, il s'agit d'une activité diurne pour le *cracker*, éventuellement exécutée depuis son lieu de travail ou son université. L'attaque sera bien plus aisée si elle vient d'une personne interne à l'entreprise. Cette dernière pourra sans problème dresser la liste des utilisateurs et bénéficier de commandes, par exemple NBTSTAT sur Windows NT, sans parler des services comme Finger, Rusers, Telnet, néanmoins plus faciles à déceler.

L'attaque peut être hybride, c'est-à-dire faire appel à plusieurs techniques différentes, mais aux résultats complémentaires. Certains sites se protègent par des machines appât (pot de miel) et surveillent les activités de l'intrus. Les niveaux d'attaque sont les suivants :

1. Attaque mineure.
2. Atteinte d'une boîte e-mail, déni de service, *flooding*.
3. Accaparement du droit Write, qui est déjà susceptible d'une modification.
4. Établissement de connexions non autorisées.
5. Accès en lecture sur un fichier privilégié.
6. Accès Write sur un fichier privilégié.
7. Usurpation de privilèges utilisateur.

Étant donné toutes les imbrications et interpénétrations possibles des réseaux informatiques, la moindre faille suffit à ouvrir une brèche dans la sécurité et, ainsi, à compromettre le système. Chaque jour, de nouvelles failles sont découvertes concernant les clients, les serveurs, les routeurs, le système d'exploitation, les *firewalls* et *proxies*. Ces failles dans la sécurité sont mises à la disposition des intéressés par le biais de divers sites de hackers, de *crackers*, des manuels du système (data), des *patches* et de la presse underground. Comme les fabricants ne réagissent que lentement et qu'ils tardent à proposer un *patch* (rustine), la faille reste utilisable pendant un laps de temps parfois très long. Sans oublier les possesseurs d'ordinateurs qui ne se préoccupent absolument pas de la sécurité de leur système. Rendez visite aux cyberpunks sur **majordom@toad.com**. Petite précision : sur certains sites, les *crackers* s'échangent leurs « tuyaux » en utilisant le code Rot 13, accepté par bon nombre de logiciels (de courrier et news, par exemple).

Scanner

Le scanner (*to scan*, balayer) est un appareil radio qui cherche seul une fréquence, mais également un logiciel qui permet de déceler les faiblesses d'une machine hôte. Il interroge (balaie) les ports TCP/IP pour découvrir les utilisateurs prioritaires, les services exécutés, l'acceptation de commandes anonymes, l'obtention d'adresses IP. Un serveur désactivé pourra même être réactivé *via* un commutateur logiciel, voire procéder au blocage des *passwords.*

À l'origine, ces outils furent conçus dans un but d'expertise de la sécurité, mais leur usage n'a pas tardé à être très largement détourné. Les plus connus sont Satan, Nessus, Ballista. Certains scanners sont capables d'effectuer l'analyse du *firewall* (Jakal, dont il est très difficile de détecter le passage) et de le contourner. D'autres se doublent même d'un *sniffer.* Scapy, par exemple, est un outil interactif qui permet divers scans (réseaux, ports, protocoles, etc.), la manipulation de paquets, et qui recèle encore bien d'autres ressources : *sniffing, poisoning, nucking,* traceroute, *firewalking, fingerprinting,* démasquer un DNAT (Destination Network Address Translation), etc. Le rêve pour les pirates souhaitant modifier des paquets.

Firewall

Point de passage obligé pour les entrées (in) et sorties (out) de données, le *firewall* procède à leur filtrage par l'analyse de leur contenu. Il est capable de surveiller et/ou bloquer des : adresses IP, protocoles FTP, HTTP, POP, Telnet, etc., les ports vacants, les *cookies,* certains programmes, les scripts, les virus, certains mots-clés. Mais il n'est pas à l'abri d'une attaque par *spoofing.* Il n'est pas à exclure qu'il puisse être contourné *via* un modem ou un point d'accès situé en amont, ou bien par un employé indélicat. S'il limite l'accès à un programme, il suffit parfois au pirate de renommer celui-ci pour déjouer le *firewall.* Retenez qu'il est possible, *via* une page Web, d'agir sur vos fichiers (form, img src, dyn src, action, target, href, style, etc.), de désactiver les filtres JavaScript, Active X, et que NmapWin permet de découvrir le type de *firewall* en place. Des outils de réacheminement disponibles à l'adresse suivante : **www.foundstone.com/**

Tout *firewall* requiert d'être configuré correctement. Ne vous contentez jamais de la configuration par défaut, car c'est vous qui risqueriez bien d'être pris en défaut. La règle habituelle est : « Tout ce qui n'est pas autorisé est interdit ». Certains *firewalls* permettent d'empêcher la détection d'adresses IP, d'où l'impossibilité, pour le pirate, d'identifier les « nœuds » du réseau interne. Et certains *firewalls* accessibles par modem rappellent pour authentifier l'appelant. Pour obtenir un *firewall* gratuit, invisible de l'extérieur : **www.zonelabs.com**

Si la précaution la plus élémentaire consiste à charger un logiciel sur le site d'un fournisseur officiel, il est tout aussi important de tester le *firewall*. Des programmes destinés à cet usage existent. Assurez-vous de leurs mises à jour et rappelez-vous qu'un *firewall* sert à décourager les amateurs et à retarder, seulement, le spécialiste. En un mot, la sécurité absolue n'existe pas. Cependant, pour la renforcer, vous pouvez installer un Système Détection d'intrusion (SDI), qui avertit l'administrateur de la tentative, mais là encore, le programme peut présenter des failles. Il vous faudra donc croiser les moyens et, pourquoi pas, installer un programme de surveillance. Ce dernier conservera la trace de tout ce qui a été saisi, fichiers consultés, programmes appelés, images visionnées, sons écoutés, jusqu'à la capture, par une Webcam dissimulée, de la photo de l'employé (ou de la femme de ménage) derrière sa console.

Sniffers

Le *sniffer* (renifleur) est un analyseur de paquets de données (datagrammes). Il capture les blocs circulant sur le réseau pour déceler l'origine d'un problème réseau. Son usage initial n'a pas tardé à être détourné par les pirates. Étant donné l'énorme quantité de paquets qui transitent sur un réseau, le pirate n'intercepte que les débuts de chaque paquet, ce qui lui permet de connaître l'identifiant, ainsi que le mot de passe.

Spoofing

Cette technique repose sur l'usurpation d'identité d'une machine. L'internaute qui désire utiliser une connexion à un site FTP, à un serveur Telnet, à un compte Shell, doit mentionner un nom d'utilisateur et son *password.* Les machines sont alors en mesure de procéder à une auto-identification *via* le nom hôte et l'adresse IP, d'où tout l'intérêt, pour le pirate, de pouvoir falsifier l'adresse contenue dans l'en-tête. Le pirate souhaitant se faire passer pour un autre utilisateur doit commencer par contrefaire son adresse et mettre hors service l'hôte légitime. Il sera dès lors à même de se substituer à sa cible. L'attaque est lancée par SYN Flood, ce qui a pour effet d'inonder la cible qui se retrouve incapable de répondre. Internet propose des outils dédiés à cet usage, et un *firewall* ou *proxy* ne protègent pas systématiquement contre cette attaque.

Un autre type d'attaque consiste à modifier le cache Adress Resolution Protocol (ARP), qui contient les adresses matérielles et IP des machines. Le pirate va donc conserver son adresse matérielle, mais utiliser l'adresse IP de la machine hôte. Dans le *spoofing* DNS, le pirate intervertit sur le serveur le nom hôte et l'adresse IP. Dès cet instant, lorsque la cible lancera une requête, elle aboutira automatiquement sur la machine du pirate.

Les services « r » (pour *rhost*) sont :
- login : session à distance possible (ressemble à Telnet)
- rsh : permet la copie unidirectionnelle de fichiers
- rcp : permet la copie bidirectionnelle de fichiers
- rcmd : permet l'exécution de commandes sur l'hôte

Telnet

Sert d'interface entre des machines différentes et permet d'établir une connexion sur 8 bits à distance, ainsi que l'exécution de certaines commandes. Les différents ports autorisent plusieurs activités simultanées, puisqu'il faut bien que chaque session aboutisse à une adresse dédiée à la tâche en question. Une session Telnet est toujours de type texte (8 bits obligent), sauf à passer par un navigateur HTML. Le pirate peut alors accéder aux fichiers, découvrir les noms des utilisateurs et leurs *passwords*, dont bon nombre ne sont qu'un cryptage de façade, quand il ne s'agit pas d'un mot de passe unique pour plusieurs applications.

L'utilisation de Sniffit permet de suivre les sessions et le protocole Telnet. Une fois rendu sur Telnet, le pirate capable de faire la différence entre domaine réel (domaine enregistré possédant son propre serveur) et domaine virtuel (site sur un serveur) peut rapidement déceler la machine à attaquer. Cela revient parfois, pour le pirate, à attaquer le *provider*. C'est une pratique couramment en vigueur pour le *spamming*.

Quelques ports :
7 échotest de ce qui est saisi
21 FTP transfert de fichiers
23 Telnet (duplex 8 bits)
25 SMTP transfert de courrier
70 gopher
79 finger informations utilisateurs
80 http identité du serveur et utilisation des hyperliens
110 PO3 récupération de courrier
119 NNTP accès aux *news groups*
139 session NetBios
143 IMAP service de courrier

Il existe plus d'une centaine de protocoles et 65 000 ports ! Pour plus d'informations : **ftp://ftp.isi.edu/in-notes/iana/assignements/port-numbers**

Parmi les ports disponibles, tous ne sont pas attribués ou dédiés. Le pirate peut donc s'attribuer un port libre ! Pour découvrir les ports libres, le pirate commence par faire une requête avec Strobe, en spécifiant l'adresse du serveur à tester. Le pirate prend alors connaissance des ports actifs. Ensuite, pour utiliser Telnet, il saisit l'adresse IP et le numéro du port auquel il désire se connecter. Selon la réponse, le pirate sait ce qu'il lui reste à faire. Si « login » s'affiche, il faut entrer un nom utilisateur, un mot de passe pour être connecté.

Pour obtenir des utilitaires servant à découvrir les ports :
- **http://www.insecure.org**
- **http://www.leb.net/hzo/ioscount**

Internet n'a pas été conçu pour préserver l'anonymat des internautes. Une adresse e-mail suffit pour révéler le nom de son détenteur (il faut parfois simplement lier le nom à l'adresse e-mail). Sinon, le pirate peut :
1. se procurer l'adresse e-mail ;
2. effectuer une recherche sur Usenet, avec l'adresse, pour connaître les contacts établis, puis, avec DejaNews, tracer le réseau relationnel ;
3. « finger » sur l'adresse ;
4. recourir à Whois, qui fournit des renseignements sur les sites enregistrés ;
5. consulter les annuaires ;
6. utiliser la fonction traceroute.

Prenons le système Unix. Les données sont stockées dans le fichier *password*, et certains comptes sont dépourvus de mot de passe ou restent accessibles par des mots de passe connus de tous. Pour découvrir un mot de passe codé, certains pirates utilisent un dictionnaire et en comparent les mots avec le texte codé, espérant ainsi découvrir des similitudes leur permettant de retrouver le *password*. Le pirate peut tout aussi bien récupérer des fichiers de *passwords* administrateurs (des logiciels sont faits pour cela) ou générer un dictionnaire de mots de passe (**http://www.cs.purdue.edu/coast/**). Un logiciel permet même de capturer le dernier mot de passe saisi sur le clavier. Il suffit au pirate de sélectionner l'utilitaire adapté au type de BIOS (Megatrend®, Award®, etc.). Ensuite, le pirate est en mesure de s'octroyer un accès à partir duquel il cherchera un accès encore plus étendu.

Que dire de Finger (Rusers) ? Il suffit d'une connexion à Telnet pour recueillir une foule d'informations sur le système hôte. Il ne reste plus au pirate qu'à vérifier leur validité. Si la connexion se révèle impossible, le pirate se connectera sur un port et, à l'invite de commande, lancera sa requête. C'est grâce à Finger qu'un administrateur est en mesure d'identifier les utilisateurs du système et de comptabiliser les requêtes. Il n'est pas étonnant que certains *providers* n'autorisent pas cette fonction, pourtant souvent disponible sur la plupart les plates-formes : Windows, Mac, OS. Le pirate doit alors, pour « prendre la main », contourner la protection. Il lui suffit de demander un nom utilisateur en se connectant *via* Telnet, et il reçoit en retour nom et adresse e-mail.

Pour tester sa propre vulnérabilité à Finger, il suffit de lancer une requête sur soi-même. En revanche, si vous souhaitez découvrir le pirate qui s'intéresse d'un peu trop près à vous, il existe le logiciel Master Plan. La fonction traceroute repose, pour établir son analyse, sur l'acheminement des paquets, sur le champ « durée de vie » des blocs. La connexion s'établit par l'intermédiaire d'un programme en attente d'une demande de connexion (programme résident) sur un port de la machine du destinataire. Le pirate qui expédie son adresse sans précautions particulières permet à traceroute de remonter le réseau jusqu'à lui. C'est l'arroseur arrosé. Sauf s'il s'agit d'un petit malin qui travaille par rebonds (*island hoping*). Outil complémentaire, Ping s'utilise principalement pour le *flooding*, mais laisse aussi parfois des traces de son passage. La « parade » ? Ping Logger.

Langages

Le langage permet de communiquer avec l'ordinateur en utilisant des instructions compréhensibles par la machine et par le programmeur. On distingue plusieurs catégories de langages :

- Le langage machine, qui n'a pas besoin d'être interprété puisqu'il sert à communiquer directement avec la machine. Il est donc extrêmement rapide.
- Le langage compilé, qui traduit les commandes en une seule fois, avant de les diriger vers la machine (rôle du compilateur). Tous les langages évolués sont compilés. La traduction s'effectue par « salves », et l'exécution n'a lieu qu'ensuite.

- Le langage interprété (BASIC), où l'interpréteur procède aux instructions en langage machine. L'instruction interprétée est exécutée avant que l'instruction suivante ne soit à son tour interprétée.
- Le langage de bas niveau, souvent opposé aux langages évolués et/ou compilés, est propre à un système donné et proche du seul langage que connaît la machine. On parle de langage de bas niveau en raison de sa proximité avec le langage machine.

Un compilateur reste souvent indispensable au pirate pour conférer certaines fonctions aux « outils » disponibles sur Internet. Son principal intérêt réside dans la programmation bas niveau au sein d'un ensemble de haut niveau. L'éditeur sert au pirate à examiner le contenu des mémoires, pistes, secteurs, blocs. Muni d'un désassembleur, il découvre le code source (qu'il pourra éventuellement réutiliser pour un virus, un cheval de Troie), et le débogueur permet de localiser une partie du programme. Avec un éditeur hexadécimal, il a la possibilité d'en modifier une partie.

Le code source dont il a été plusieurs fois question a pour but de s'assurer qu'un programme ne dissimule pas d'instructions de programmation du genre cheval de Troie, d'autoriser des modifications ou des optimisations du programme. Autre avantage pour le pirate, il permet également de « décortiquer » le programme pour déceler ses failles. Il s'agit d'une arme à double tranchant. Quoi qu'il en soit, le code source se situe avant l'assembleur, le compilateur ou l'interpréteur qui, eux, transforment le code source en code objet.

Nombre de pirates évitent le système Windows, lui préférant Linux ou FreeBSD, moins « gourmand » en mémoire, capable de tourner sur des versions plus anciennes, mais surtout en raison de sa gratuité. Pour les logiciels avec licence, le pirate doit commencer par en faire une copie, avant de se rendre sur un site générateur de clés. Pour trouver ces sites, lancez une recherche avec les mots-clés « serial, crack, appz ». Si le pirate opte pour Windows, il s'agit généralement de NT du fait de ses fonctions réseaux.

Avec l'apparition de Java et de la technologie Common Gateway Interface (CGI), Internet a connu le développement de ce qu'il est convenu d'appeler l'e-commerce. Cette technologie a permis aux serveurs de transmettre des informations vers le client (*push*), et les pirates n'ont pas tardé à s'en emparer pour parvenir à exécuter une commande supplémentaire. Il suffit au pirate de découvrir une faille CGI pour aussitôt être en mesure d'exécuter sur le serveur des commandes, et ce en adoptant presque n'importe quel langage : C++, Pascal, Perl, etc. Principe des fameux *cookies*.

Le langage Java est principalement axé sur le Web et demeure, pour des raisons de compatibilité, indépendant de toute plate-forme. À ses tout débuts, il permettait même de franchir les *firewalls* ! Java est à l'origine de la *sandbox* (bac à sable) qui, pour éviter toute contamination, fait tourner un programme en l'isolant du reste de la machine.

Active X permet l'exécution d'écriture binaire. Il peut donc offrir un accès au disque dur (*hard drive*) et/ou véhiculer un virus crypté. C'est avec une applet Active X que le Chaos Computer Club (CCC) a réussi, en direct sur la télévision allemande en 1997, à réaliser un transfert d'une banque à une autre, et ce en déjouant le Personal Identification Number (PIN).

Mais les pirates ne sont pas les seuls à installer des chevaux de Troie ou autres maliciels. William Cohen, secrétaire du DoD (Department of Defense, département de la Défense américain), s'exprimait en ces termes : « Je suis persuadé que Microsoft comprend le lien crucial qui existe entre la sécurité nationale et la prospérité des États-Unis d'Amérique ». Microsoft aurait financé des recherches pour capter à distance les licences utilisateurs des logiciels installés ! D'autres éditeurs de logiciels et fabricants ont reçu, eux aussi, le message 5/5. Ils ont volontairement laissé des portes d'accès dissimulées sur leurs logiciels. Le rapport Walsh a le mérite d'être clair. Il préconise aux éditeurs de logiciels australiens de prévoir des back doors accessibles à leurs services secrets !

FAITES-VOUS DISCRET !

Pour avoir une petite idée de l'indiscrétion dont est capable Internet, allez à l'adresse : **http://www.anomyser.com/cgi-bin/snoop.pl**. Vous y découvrirez votre nom, la localisation de votre *provider*, votre adresse, le type d'ordinateur que vous possédez, le système d'exploitation et le navigateur que vous utilisez, le nom des pages visitées. Sur Usenet, il est possible d'obtenir la liste de tous les articles postés, ce qui livrera déjà pas mal de renseignements. Il est par ailleurs possible de connaître tous les *news groups* que vous fréquentez et, ainsi, vos sujets de prédilection.

Le Net comporte également des risques que nul ne saurait ignorer. Dès que vous êtes connecté au Net, le serveur mémorise le numéro IP, le pays de provenance, la version du butineur, du système d'exploitation, le site, la page précédente consultée. Un logiciel de contrôle et d'analyse système (Usenet) permettra d'explorer les disques durs, et ce sans que l'internaute ne se doute de l'indiscrétion dont il est victime. Cela ne va pas sans présenter quelques dangers. Avec le logiciel Navigator (antérieur à 4.03), un serveur pouvait espionner les données avant tout cryptage ! NetSniffer est quant à lui capable de se faire passer pour un « nœud » du réseau et de prélever les informations qui y circulent.

Le mot *coockie* désigne un gâteau, mais aussi une indiscrétion des serveurs. Lorsque vous vous connectez à un forum de discussion ou à un site, vos données (le parcours de votre visite, la date, l'heure) sont enregistrées dans un fichier ext (4 Ko) sur votre disque dur. Il ne reste plus aux navigateurs qu'à les lire sur le disque. Ils peuvent dès cet instant utiliser certaines informations (vos sites et thèmes préférés) sans votre accord et établir un annuaire, avant de se livrer éventuellement au *spamming* (envoi d'un message à des milliers de destinataires), qui donne lieu à la réception de messages publicitaires non sollicités (*junkmail*, courrier poubelle). Pour en savoir plus : **http://www.agentzero.com/junkmail** ; pour disposer d'un filtre : **www.wska.fr**, d'un détecteur de « pub » : **www.spychecker.com**, **www.lavasoft.de/aaw**

Le *webbug* est l'équivalent, mais plus récent, d'un *cookie*. Il trace votre parcours. Le spammeur souhaitant connaître l'impact de sa campagne peut utiliser un « bogue blanc ». Il s'agit de pixels invisibles, qui mouchardent l'adresse IP, les pages visitées, les date et heure de visite, le navigateur utilisé. À la différence des *coockies*, leur présence demeure ignorée. Pour les révéler, il faut employer un programme (Bugnosis) qui émet un bip sonore et qui surligne leur emplacement.

Il a été envoyé, par jour et dans le monde en 2005, plus de 7 milliards de spams, ou pourriels. Certains experts avancent le chiffre de 17 milliards, un chiffre qui pourrait bien doubler pour la seule année 2006 (source Iron Port). La taille des pourriels a également progressé, passant de 9 Kb à 13 Kb. L'origine des *spams* est à 54 % américaine, et le nombre moyen de *spams* reçus quotidiennement par un internaute européen s'élève à 13. Depuis fin octobre 2003, l'Union européenne a pris la décision de s'attaquer aux *spams*. La prospection commerciale par e-mail n'est autorisée (en Europe) qu'avec le consentement préalable des abonnés. Comme la majeure partie provient d'un pays non-membre de l'UE, on peut douter de l'efficacité d'une telle directive.

Prenez l'habitude de ne jamais répondre, même si l'on vous propose de vous retirer d'une liste. Vous ne feriez que confirmer votre existence. Si vous êtes harcelé, vous pouvez vous tourner vers votre fournisseur d'accès à Internet (FAI), mais la plupart des spammeurs évitent de laisser des traces. Ils ne mentionnent que rarement une adresse e-mail, ou bien alors ils utilisent un compte provisoire. Il existe également des FAI « marrons », qui ajoutent votre adresse à une liste destinée à être ensuite revendue. Pour vous prémunir, vous pouvez vous procurer un filtre anti-*spam*, qui analyse les en-têtes, compare l'émetteur avec une liste, mots-clés, mais cela seul ne saurait suffire. Commencez par ne pas donner votre adresse à n'importe qui et ouvrez plusieurs adresses pour hiérarchiser vos correspondants, puis interdisez à votre navigateur de lire le code HTML, dont nous avons vu que certaines instructions peuvent permettre le contrôle de votre machine. Autre précaution, si vous avez un site, écrivez l'adresse figurant derrière

« mail to » en équivalent du code ASCII, soit &# suivi du code ASCII. Le logiciel des spammeurs est pour l'instant incapable de récupérer ce genre d'adresse.

Certains services étatiques et autres indiscrets se livrent, sur le Web, au *tracking* (pistage), qui consiste à suivre quiconque à la trace. Des pirates amateurs et des délinquants ont été arrêtés, car ils ne savaient pas que leur boîte aux lettres pouvait être tracée à travers toute la planète. Le véritable pirate adopte des mesures préventives susceptibles de compliquer quelque peu le *tracking*. Comme le pirate est quelqu'un de prudent (du moins on peut le supposer), il cherchera à renforcer son anonymat et à brouiller les pistes en utilisant différents noms et en ouvrant autant de mails, qu'il fera ensuite transiter par un *remailer* ou, mieux encore, par plusieurs *remailers* anonymes. Ce souci de préserver son anonymat n'est pas seulement lié à la cyberdélinquance. Il peut également avoir d'autres raisons, parmi lesquelles :

- ne pas voir sa boîte submergée de messages ;
- exprimer un avis sans se dévoiler pour ne pas être la cible d'une attaque ;
- ne pas attirer l'attention du site fréquenté (collègues, employeur, concurrents) ;
- déjouer la surveillance du trafic d'Internet ;
- ne pas recevoir de publicité (lecture de l'adresse dans la signature des *cookies*).

Les possesseurs d'une carte Timtel (en voie de disparition), capable d'émuler l'ordinateur pour consulter les sites Minitel, ne sont pas à l'abri des indiscrétions. Il est possible, d'un simple clic, de prendre connaissance des dernières pages en mémoire. Si l'utilisateur a consulté sa position bancaire, le curieux pourra en prendre connaissance à son tour.

Si vous souhaitez brouiller quelque peu les pistes, consultez **www.cdt.org** et cliquez sur « the privacy demonstration ». Vous pouvez également consulter le site de la CNIL (Commission nationale de l'informatique et des libertés) : cliquez sur « trace », puis, pour vous assurer du résultat :

1. allez sur le site de la CNIL (trace) ;
2. ensuite, sur le site **www.elfgrin.com/binfo.shtml** ;
3. faites un saut sur le site The Cloak (*proxy* anonyme).

Retournez ensuite sur les sites pour vérifier que les adresses IP et DNS sont bien celles du *proxy*, et non plus les vôtres. On pourrait penser que l'on tient là la panacée, mais JavaScript peut être à l'œuvre. Une « solution » en l'état actuel des choses ? Paramétrer votre butineur pour qu'il les refuse. Pour les « paranos », il existe d'autres possibilités, comme expédier des e-mails à durée de vie limitée (de quelques jours à quelques semaines) : **www.disappearing.com** et/ou crypter, puis découper ses fichiers pour ensuite les stocker sur différents ordinateurs :
www.ife.ee.ethz.ch/~fleep/work/text_cat/text_cat_html

Adresses

- **www.webdo-chIinet98/23pirates.html**
- **http://www.hacktivism.org** (outil de subversion numérique)
- **http://www.hacked.net** (hackers)

CHAPITRE X

CYBERSÉCURITÉ

L'informatique est devenue le nouveau terrain du jeu du « gendarme et du voleur ». L'ordinateur est tout à la fois. Un moyen de stockage d'informations, un outil bureautique, de codage, de corrélation, de communication. Et on trouve sur le Web tout ce qu'il faut pour inciter aux délits. En 1997, un internaute a même réussi à commander et à se faire livrer des germes de la peste. Du simple hacker à l'espion dit « industriel » (espion high-tech, cyberespion), en passant par les trafiquants, les escrocs, les saboteurs (virus, bombe logique), les cyberterroristes et le blanchiment d'argent, les appétits ne manquent pas.

Le passage au monde virtuel a facilité quelque peu la tâche des personnes en quête de malversations. La trilogie rendant le délit possible, soit volonté, connaissance et moyens, est bien connue. Mais avec l'apparition de l'ordinateur, cette trilogie ne se limite plus à une zone d'opération, à une activité ou à une organisation locale. On peut agir et/ou réunir les compétences en n'importe quel point du globe.

Pour les enquêteurs, ce nouveau type d'investigations pose des problèmes particuliers. Une infraction informatique peut relever de plusieurs textes de loi (vol, escroquerie, informatique et libertés, violation de correspondance, destruction de données, droits d'auteur, dénonciation calomnieuse, défense nationale, etc.) et concerner plusieurs États (enquêtes parallèles). Pour les policiers, il devient plus difficile de « loger » l'individu délinquant (il peut n'être que le maillon d'un vaste réseau, dont l'instigateur se trouve aux antipodes), mais celui-ci une fois repéré, il s'avère en revanche plus aisé de fouiller son ordinateur que son appartement. Pénétrer dans son appartement nécessite d'être sur place, tandis que la « fouille » du disque dur peut s'effectuer à distance.

Dans les cyberdélits, il n'y a pas de marchandises interceptables à la douane. D'ailleurs, le passeport est inutile pour les cyberdélinquants ou cyberespions, en mesure de dérober plus d'informations qu'ils ne sauraient en lire et, encore moins, exploiter. Internet permet d'« inonder » la planète entière avec une rumeur déstabilisatrice, et les exemples ne manquent pas. Ajoutons que les victimes ont souvent du mal à déterminer la nature des informations dérobées (copie de données), à évaluer l'étendue du préjudice (utilisation personnelle ou revente à un concurrent) et à identifier les complicités ou négligences intérieures, employés curieux, collègues indiscrets, voire malveillants, agents de nettoyage ou de sécurité qui utilisent l'ordinateur.

Tout système informatique est vulnérable en plusieurs points : administrateur, créateur de logiciel, protocole, responsable sécurité, opérateurs, utilisateurs, hôtes. Le bon fonctionnement d'Internet n'est pas soumis à une centralisation. La sécurité concerne tout aussi bien la confidentialité, l'authentification, l'intégrité des données, les contrôles d'accès, la protection des protocoles. Autant de maillons faibles, dont certains sont le fait des propriétaires de sites ou des utilisateurs.

GESTION MULTI-UTILISATEURS

Lors d'une utilisation multi-utilisateurs, chaque nom d'utilisateur s'accompagne d'un *password*. C'est lui qui permet l'accès aux données pour lesquelles l'utilisateur est habilité. Toute personne connaissant ces deux informations (nom et *password*) peut se faire passer pour l'utilisateur habilité et accéder ainsi à toutes les ressources autorisées à ce dernier. Le risque est grand, car il peut non seulement se substituer à l'utilisateur, mais aussi usurper son identité pour participer à des conversations en ligne (*chats*), accéder à des services payants on line. Pire, encore, il peut modifier le mot de passe et interdire tout accès à l'utilisateur dûment habilité !

La gestion multi-utilisateurs est loin d'être la panacée. Rien de plus simple, pour un pirate, que de vérifier si cette gestion est active sur le poste de travail. Si aucun mot de passe n'est réclamé, cela signifie que sa gestion est inactive. Mieux, avec certains logiciels (toujours les mêmes), n'importe qui est en mesure d'ouvrir le panneau de configuration et de désactiver la gestion multi-utilisateurs.

Les mots de passe ont bien d'autres applications. Notamment en ce qui concerne le réseau Internet et les procédures d'ouverture de session en ligne. Lors d'un accès à un nouveau producteur de services, il arrive que celui-ci n'attribue pas immédiatement un mot de passe. Le compte ouvert est alors sans protection. Il ne sera protégé qu'à la première session, et seulement lorsque l'utilisateur prendra la précaution de saisir un *password.* Durant cette période de latence, n'importe qui est en mesure de se substituer à lui ! Autre cas de figure envisageable lors de l'obtention d'un nouvel accès. L'ordinateur du prestataire peut générer automatiquement un mot de passe en rapport avec : le nom, l'heure de la connexion établie et la date d'enregistrement. Une procédure bien connue des hackers, qui les poussent à parcourir le Web à la recherche des nouveaux comptes ainsi créés pour, ensuite, les exploiter à leur profit. Encore une précision qui revêt toute son importance. Enregistrer son mot de passe dans un fichier du navigateur équivaut à ne pas en avoir du tout !

Chez un FAI (fournisseur d'accès à Internet), le mot de passe sera enregistré en clair dans un fichier, et chez un autre, si le mot de passe est crypté, son emplacement sera connu de tous les pirates. Rien n'empêche de le copier pour, ensuite, le transférer sur un autre ordinateur. Il est parfois possible, avec le logiciel fourni, de réutiliser le *password* sans le décrypter !

L'inscription chez un *provider* donne souvent droit à des accès secondaires. Chaque membre de la famille peut ainsi avoir son accès. Il suffit à une personne quelconque d'atteindre l'ordinateur pour se procurer un accès, qui sera également protégé par le mot de passe qu'elle saisira. Plus rien, alors, ne s'opposera à ce que l'intrus utilise votre compte depuis n'importe quel ordinateur.

Voici quelques indices laissant suspecter une compromission du mot de passe :
- réception de courriels hors de votre champ d'intérêt, ou bien provenant d'émetteurs inconnus ;
- message vous avertissant que vous êtes déjà en ligne ;
- *provider* qui se plaint d'ouvertures de sessions multiples ;
- découverte de messages provenant de votre machine ;
- le *provider* a remarqué que de nombreuses tentatives d'accès sous votre nom ont échoué ;
- vous ne parvenez plus à vous connecter (l'intrus a changé le mot de passe).

Un site mal configuré ou mal géré peut devenir une tête de pont qui permettra d'attaquer d'autres systèmes. Cette accessibilité d'Internet fait à la fois sa force et sa faiblesse. Si la connexion à Internet n'est pas protégée, il est tout à fait possible de pénétrer dans les fichiers système en utilisant, par exemple, Network File System. De là, et avec Telnet, on obtient une connexion à un poste multitâche qui permettra une connexion « déportée » et, grâce au protocole FTP, de charger les fichiers. Une configuration par défaut (Unix ou Windows NT) peut activer d'autres serveurs, comme TFTP (Time Talk Finger), Rlogin (similaire à Telnet, mais automatisé pour garantir l'accès hôte en chaîne), et ce dès la mise sous tension de l'ordinateur.

PROBLÈMES DE SÉCURITÉ

En juillet 1994, un adolescent britannique est parvenu à pénétrer les réseaux du Pentagone et à s'y maintenir pendant plus de six mois. Une durée largement suffisante pour prendre connaissance des dossiers les plus sensibles. Une rumeur dit qu'il aurait également réussi à intercepter les communications entre les agents américains en Corée du Nord pendant la crise nucléaire.

Pour une protection minimum, on pensera à consulter les en-têtes, mais ces derniers renseignent uniquement sur l'adresse d'émission et de destination des seuls systèmes terminaux qui, en outre, n'est pas fiable. Les données pourraient provenir des couches de protocoles (réseaux ou liaisons) ou bien des informations issues de la configuration du système. Pour une meilleure sécurité, il convient de consulter et de croiser le journal de bord de l'ordinateur avec le registre des comptes système, mais il s'agit là d'un travail fastidieux. Par ailleurs, il faut savoir que le protocole TCP/IP (Telnet, FTP, POP, SMTP, HTTP) n'est pas crypté. Il n'est pas conçu pour garantir la confidentialité des informations véhiculées par le réseau. Comme le mot de passe de l'utilisateur est transmis au début de toute connexion, un programme peut l'enregistrer sans interférer avec la communication en cours.

Avec un logiciel comme Demon (qui tourne en tâche de fond) ou Cronjobs, qui explore tous les documents HTML du site pour leur affecter une tâche différente, le pirate peut bénéficier d'un accès privilégié. Pour initialiser un système d'interprétation de commandes racines, détruire les *file stores*, recopier les mots de passe, en créer de nouveaux, le pirate peut s'introduire *via* Telnet sur le port 25 de l'ordinateur cible et, pourquoi pas, installer un renifleur de données afin de surveiller les ports de communications du réseau. Un intrus qui se connecte au serveur peut activer SYNC sans mentionner un mot de passe et, de là, accéder à la liste des *passwords*. Mentionnons également LD_LIBRARY_PRELOAD, qui prend le contrôle des routines de la librairie.

Avec une adresse IP truquée, l'intrus peut accéder au site qui identifie les correspondants par leur adresse IP. Une fois parvenu à la racine d'un système déterminé, le pirate qui a réussi à prendre le contrôle des connexions est alors en mesure, en les interceptant après leur phase d'identification, de contourner le système d'identification.

Rappelons que pour accéder à un site distant *via* le réseau, l'ordinateur doit être équipé d'un modem. Le modem externe permet une surveillance du trafic grâce aux diodes qui s'allument. Avec certains modems internes et PCMCIA (Personal Computer Memory Card International Association), tant que l'ordinateur est allumé, le modem reste accessible à un pirate. D'où l'intérêt, pour le surfeur, à protéger correctement son modem.

La carte RNIS (Réseau numérique à intégration de services) communique avec le système Windows *via* l'interface CAPI (Common Application Programming Interface). Tous les programmes utilisant cette interface sont à même d'accéder directement à la carte RNIS, et la carte Numeris peut dès lors être reliée à un autre ordinateur sans que l'on s'en aperçoive. Les pirates n'en demandent pas tant. Avec cette technologie (en voie de disparition), la connexion est immédiate, ce qui n'est pas le cas avec une connexion RTC (Réseau téléphonique commuté), où le téléphone sonne au moins une fois avant la prise de ligne. RNIS permet aussi de transférer directement des données sans passer par Internet (fonction Eurofile Transfer, plus connue en France sous l'appellation « télédisquette » et obsolète). Si cela s'avère pratique, les risques sont accrus. Une configuration incorrecte transforme l'ordinateur en serveur ! Les intrus peuvent alors télécharger les données contenues dans le disque dur !

Dans un réseau Internet ou Intranet, si un ordinateur particulier servant de passerelle est relié directement au réseau, tout individu pourra s'introduire dans le réseau local en profitant de l'accès au réseau global pour, ensuite, obtenir les fichiers des mots de passe ou les paramètres de la configuration. Dès lors, rien n'empêche le pirate de prendre le contrôle de tout le système.

Pour accroître la sécurité, certaines entreprises ou particuliers disposent :

- D'un *personal firewall*, qui sert de « coupe-feu », ou de « portier » (*gatekeeper*). Connecté au réseau externe, il fait la liaison avec le réseau interne sécurisé. Il contrôle les entrées et les sorties TCP/IP *packets*, ainsi que toutes les tentatives d'accès (dans les deux sens). Son efficacité dépend de son aptitude à laisser s'écouler le trafic autorisé et à bloquer le trafic interdit. Le *firewall* sera d'autant plus efficace qu'il disposera d'informations sur les données contrôlées.
- D'une *sandbox* (bac à sable), zone sécurisée dans laquelle le programme est isolé du système.
- D'un *proxy*, qui permet d'établir la connexion non pas directement entre le client et le serveur, mais entre le FTP client et le serveur *proxy*, ce dernier se connectant avec le serveur FTP. Le but de cette interface consiste à masquer le véritable initiateur de la connexion et à établir deux sessions distinctes, tout en autorisant ou en interdisant l'accès à des services et/ou serveurs. Le *proxy* se trouve habituellement entre le *firewall* et le réseau interne.
- D'un routeur, qui sert à relier plusieurs ordinateurs à Internet et rend les ordinateurs invisibles de l'extérieur.
- D'un *scanning*, qui se charge de vérifier l'absence de virus.
- D'un *gateway* qui, contrairement à une connexion sur un serveur NT, reste le seul point d'entrée Unix. Le *gateway* permet de contrôler à tout moment l'identité de la personne connectée, ce qu'elle fait, et d'en prendre le contrôle.

Revenons au *firewall*, dont le rôle consiste à s'opposer à toute intrusion sur le réseau local en filtrant les informations entrantes et sortantes. Il « isole » le réseau local du réseau global et filtre les paquets selon leur provenance, leur port, leur contenu, l'adresse IP d'origine et de destination. Tout ce qui n'est pas interdit est autorisé. Un système hôte fait office de passerelle entre les deux réseaux (externe et interne), et dans le système fortifié, il inhibe l'adressage TCP/IP. Dans ce cas, tout ce qui n'est pas autorisé est interdit. Si l'intrus parvient à obtenir une identification, toutes les attaques seront alors possibles. À noter que le fichier host permet souvent de se connecter sans mot de passe et, de là, de pénétrer le système qui sera attaqué ou contournera la passerelle (sous Unix, il faut modifier « ipforwarding » pour inhiber le routage TCP/IP).

Dans un *firewall* combinant une passerelle fortifiée et un filtre de routage (le routeur étant un commutateur de paquets), seul le système fortifié est accessible depuis Internet. Le sous-réseau demeure accessible depuis les réseaux Internet et privé, mais aucun trafic ne transite par eux. Les *proxies* sont des passerelles d'application qui opèrent en mode utilisation et non sur un protocole. Ils redirigent les informations vers le système fortifié. Le responsable réseau doit paramétrer le *firewall* pour refuser certains paquets, s'opposer à la transmission de données, empêcher l'utilisation de certains protocoles, refuser des données selon certains mots-clés convenus. Pour se protéger contre l'emploi d'une adresse truquée, il convient de paramétrer le filtre d'entrée afin qu'il s'oppose à tout paquet dont l'adresse d'expédition appartiendrait au réseau interne. Quand il s'agit de s'opposer à une adresse d'expédition différente d'une adresse du réseau interne, on fait l'inverse pour le filtre des sorties.

Avec certains logiciels, l'administrateur a la possibilité de définir des mots interdits (option « forbidden words ») et de programmer le *firewall* avec les mots de passe de certains utilisateurs. Si quelqu'un d'autre tente de les utiliser de l'extérieur, l'intrus est immédiatement bloqué.

La technique de l'IP *spoofing*, comme nous l'avons déjà expliqué, vise à falsifier l'adresse de l'expéditeur d'un paquet. Si le datagramme IP contient les informations garantissant l'acheminement des données entre l'expéditeur et le destinataire, il ne fait pas référence à un quelconque échange antérieur. Le pirate va alors attribuer à ses propres paquets l'adresse d'un poste de travail situé dans le réseau protégé par le *firewall*. Ce dernier sera berné et les transmettra. Bien qu'il ne soit pas facile de prévoir les passages qu'emprunteront les paquets, le pirate peut obtenir des renseignements sur leur transport (Ping, Bing et traceroute). Supposons que l'internaute A échange avec B des informations et qu'un tiers observe la communication. Fort des données en sa possession, le tiers en question peut créer des paquets prétendant provenir de A ou de B. Il suffit ensuite que le pirate envoie ses paquets avant A ou B pour que ceux en provenance de l'émetteur autorisé soient immédiatement refusés. Le pirate peut alors prendre la place de A ou de B. Pour en savoir davantage, consultez :
http://morehouse.org/hin/hackfaq.htm

On saisit ainsi toute l'importance, pour le *firewall*, à différencier les paquets intérieurs des paquets extérieurs. Pour le hacker, la contre-parade consistera à indiquer le chemin exact que les paquets devront emprunter. Il utilisera pour cela Source Route Option, et sera dès lors en mesure de contourner un *firewall* mal configuré et d'atteindre l'ordinateur cible.

Si le hacker peut non pas atteindre les données convoitées, mais avoir un accès à l'ordinateur, il tentera un sabotage par la procédure suivante :
- Demander l'ouverture en boucle (plus d'une centaine par minute), pour submerger l'ordinateur et interdire ainsi l'accès du site aux autres utilisateurs ;
- Utiliser les commandes du protocole Internet Control Message Protocol (ICMP), pour expédier des requêtes HTTP successives ;
- Envoyer des données dans certaines zones du réseau ou dans tout le réseau. Une simple commande est capable de mettre le serveur hors service !

Ces cyberattaques redoutables laisseront des traces qui permettront de remonter jusqu'à l'intrus, mais les dommages se révéleront parfois catastrophiques. Le pirate peut aussi « bombarder » la cible de plusieurs milliers d'e-mails capables de surcharger le serveur. Il y a fort à parier que l'administrateur procédera rapidement au désabonnement de la victime, voire réclamera des dommages-intérêts pour cette cyberattaque.

JAVA ET ACTIVE X

Java est un langage de programmation, et une applet Java peut s'exécuter sur n'importe quelle plate-forme. Les applets incluses dans les pages Web permettent l'interactivité et l'accès au multimédia, chose impossible avec le langage HTML. En revanche, une applet Java ne peut :

- Lancer un autre programme sur l'ordinateur.
- Établir la liaison qu'avec l'ordinateur à partir duquel elle a été chargée.
- Qu'accéder aux dossiers spécifiés sur le système de fichier local. Et si elle peut accéder au système du fichier local ou échanger des données sur le réseau, elle est incapable d'accomplir les deux opérations en même temps.

Java, que l'on disait hors de portée des virus, ne l'est plus. Le premier virus en Java n'a pas tardé à apparaître. Pour s'en prémunir et en vérifier l'origine, il existe la certification des applets Java. La meilleure des protections consisterait à ne pas les charger et, plus encore, à ne pas les exécuter. Mais cela empêcherait de consulter certains sites Web. Une solution ? Filtrer les applets et les faire tourner, avant, dans une *sandbox* (**http://www.finjam.com**).

La technologie Active X (fichier binaire exécutable), développée par Microsoft, constitue une alternative à Java. Elle permet d'exécuter certaines fonctions disponibles sous Windows (**http://browserwatch.internet.com/activex.html**), mais il devient alors très difficile de gérer les accès au microprocesseur, aux fichiers et aux ressources. La sécurité repose sur la certification (authenticode), un procédé qui a déjà, hélas, été pris en défaut.

La technologie Active X n'est pas anodine. Elle peut entraîner de sérieux dégâts : formatage du disque dur, inoculation d'un virus, installation d'un cheval de Troie, lecture de données confidentielles et leur transmission à un tiers non autorisé. Son exécution est donc vivement déconseillée. Certains navigateurs exécutent les Active X seulement après le téléchargement d'un *plug-in*. Les applications auxiliaires des *plug-in* comportent des risques supplémentaires, car elles ne peuvent être contrôlées par le navigateur et ont accès à tout l'ordinateur. En revanche, les *plug-in* ne peuvent être chargés sans votre accord préalable.

JAVASCRIPT ET VBS

JavaScript, à ne pas confondre avec Java, est une série de fonctions servant à concevoir des pages Web dynamiques et interactives. Les instructions JavaScript s'exécutent *via* un interprétateur situé dans le navigateur. Ce langage est l'allié des fameux *cookies* que les hackers modifient pour extraire des informations en provenance du système fichier, informations qui seront ensuite transférées dans un fichier cookies, facilement accessible au hacker.

Visual Basic Script (VBS) n'a pas directement accès au système des fichiers et ne peut établir de connexions avec le réseau. Il est cependant en mesure d'ouvrir, lire, écrire des fichiers sur le système local utilisateur. Le risque majeur de VBS réside en partie dans son aptitude à activer des contrôles Active X à l'insu de l'utilisateur. La réponse : paramétrer Explorer (autorisation préalable).

CHAPITRE XI

CARTE À PUCE ET COMMERCE EN LIGNE

Depuis la création du site de Pizza Hut en 1994, le commerce en ligne, ou e-commerce, n'a cessé de croître, faisant beaucoup de victimes chez ces nouveaux acheteurs. Mais les victimes ne se recensent pas uniquement chez les internautes. Certaines personnes, qui n'avaient jamais communiqué leur numéro de carte de crédit sur le réseau, ont vu leur compte débité pour un achat en ligne dont elles ignoraient tout. Les exemples sont suffisamment nombreux pour être inquiétants, et les investisseurs semblent avoir pour le moment d'autres soucis que de mettre en place des systèmes de sécurité garantissant « véritablement » les paiements électroniques.

En 1993, les clients d'un centre commercial du Connecticut qui introduisaient leur carte de crédit dans un distributeur automatique de billets se voyaient répondre, après avoir saisi leur numéro confidentiel : « Aucune transaction n'est possible, veuillez nous excuser », et le distributeur restituait la carte. Aucun client ne se doutait qu'il s'agissait d'un faux DAB, destiné à s'emparer des codes secrets des cartes des clients. Les escrocs n'avaient plus qu'à fabriquer une fausse carte en y portant de vraies données. C'est le principe de la « doublette ».

DÉTOURNEMENT DU NUMÉRO DE CB

Cette petite histoire allait donner une idée à des escrocs français, qui repérèrent un véritable DAB, sur lequel ils plaquèrent un faux clavier et dont ils obturèrent la fente servant à l'introduction de la carte. Un dispositif dissimulé (collet marseillais) retenait la carte de crédit à l'intérieur du DAB ainsi modifié. Ils n'avaient plus, ensuite, qu'à venir récupérer la carte pour l'utiliser.

Le FBI arrêta en 1997, à l'aéroport de San Francisco, Carlos Salgado. Ce dernier transportait un cd crypté sur lequel étaient enregistrés 80 000 numéros de cartes de crédit et qu'il s'apprêtait à vendre pour 250 000 dollars. Pour obtenir les informations, il avait consulté les ordinateurs des commerçants et des *providers*, avant de compiler les données ainsi recueillies.

En 2004, *Le Parisien* révéla dans un article qu'un magistrat français participant à une conférence des procureurs européens en Allemagne était soupçonné d'avoir utilisé la carte bancaire d'un collègue allemand pour régler la note d'un « lieu de plaisir ». À défaut de subtiliser une carte, les ruses visant à obtenir des numéros de cartes bancaires ne manquent pas. Mentionnons un grand « classique » : l'accès à un site gratuit proposant du hard. Sous prétexte de vérifier la majorité du visiteur avant le visionnage des fameuses prouesses, celui-ci doit fournir son numéro de carte en cours de validité ! Dès lors, rien de plus simple que de débiter un compte pour un achat jamais commandé. Parfois, l'escroc téléphone à une personne en se faisant passer pour un policier et dit que la carte bancaire de son interlocuteur a été retrouvée. Comme le correspondant n'est pas au courant de la perte ou du vol de sa carte, il s'étonne. Pour clarifier l'affaire, il lui suffit de communiquer son numéro afin de procéder aux vérifications indispensables...

Deux chercheurs de l'université de Cambridge sont parvenus, avec un microscope et un effaceur de mémoire (30 dollars), à extraire les informations confidentielles figurant sur une *smart card*, un type de carte utilisée pour des douzaines d'applications, des badges aux cartes téléphoniques en passant par les cartes de crédit. La communication a eu lieu le 14 mai 2002 au Symposium on Security and Privacy de l'Institute of Electrical and Electronics Engineers. Ils avaient, au préalable, gratté la couche de vernis protecteur et concentré le rayon UV à l'aide d'un microscope inversé (principe du micropoint adopté par les espions).

Avec l'accès à distance à votre banque (*telebanking*), vous pouvez à tout instant connaître la position de votre compte, accéder à votre compte, procéder à des opérations. Il suffit, pour bénéficier de ce service, de communiquer votre PIN (Personal Identification Number), autrement dit votre code. Or, il est relativement aisé de connaître ce fameux PIN. À la limite, une simple bretelle sur votre ligne fera l'affaire. Pour garantir une transaction, notamment bancaire, les experts conseillent de veiller à :

- L'intégrité de la transaction, capable d'empêcher toute modification illicite.
- Son opposabilité, afin de prouver que la transaction est réellement effective.
- Garantir la confidentialité des données.
- Garantir l'authenticité du donneur d'ordre.

Si vous désirez accéder à un compte bancaire depuis votre ordinateur, il vous faudra probablement commencer par réactiver les applets Java et les contrôles Active X. Si vous utilisez Explorer, pensez à employer le concept zonal, puis ajoutez l'URL de la banque. Dès lors, elle seule pourra exploiter les contrôles Active X.

Vous savez maintenant que le Web est bidirectionnel et vous connaissez les dangers qu'il recèle. S'il est en mesure d'acheminer des informations jusqu'à vous, un tiers est susceptible d'en recueillir à votre sujet. Parmi les principes à la base d'un acte de piratage, rappelons le *spoofing* DNS, qui comporte lui aussi un risque. En modifiant le numéro IP *via* le serveur, les requêtes adressées au serveur Web seront redirigées vers le pirate. Si vous doutez de l'intégrité de la liaison, annulez immédiatement la communication et stoppez tout.

Si un *cracker* parvient à intercepter les informations sans pour autant les décrypter, il lui est possible, du moins en théorie, de les réinjecter. L'opération se renouvellera autant de fois que la longueur de la « boucle » le permettra. Pour se prémunir contre ce risque, il faut garantir l'unicité de la transaction. Cela s'effectue actuellement en mentionnant le groupe date/heure.

Pour une activité bancaire on line, le client devrait commencer par :
- Choisir une banque offrant une certaine antériorité dans ce service.
- Se renseigner sur son implantation (sur une île lointaine, etc.).
- Utiliser uniquement le logiciel fourni par l'établissement financier.
- Veiller à ce qu'aucune copie n'ait été faite à son insu si, pour établir la transaction, le client doit insérer une disquette (en voie de disparition) ou un C.D. fourni par la banque.
- N'enregistrer aucune donnée confidentielle sur le disque dur.
- Vérifier les paramètres de sécurité du navigateur (l'option SSL est le protocole le plus usité) et la fonction alerte, en cas de basculement du mode sécurisé en mode non sécurisé.

Secure Socket Layer (SSL), qui ajoute une couche logicielle de protocole supplémentaire entre le TCP/IP et le protocole d'application (HTTP, FTP) pour le sécuriser, a déjà été pris en défaut. Des clés de plusieurs dizaines de bits ont déjà été « cassées ». S-HTTP est une extension du protocole HTTP sécurisée, signalée par la présence d'une icône figurant un cadenas : fermé, la transaction est sécurisée, ouvert, elle ne l'est pas. Les possesseurs d'Explorer pourront, en cliquant sur le cadenas, consulter les informations du certificat de communication, prendre connaissance de l'organisme de certification, de la date de validité, du protocole de sécurité et du procédé de cryptage.

Vous savez sans doute que la longueur des clés peut se limiter à un certain nombre de bits (elle ne cesse d'évoluer). Pour les transactions bancaires, il fallait donc trouver un moyen légal de contourner cette interdiction. Au début et à l'époque où la longueur de clé autorisée semblait trop restrictive, la connexion s'établissait avec une clé de 40 bits, puis le serveur créait une clé de 128 bits, qu'il transmettait au client (procédé Server Gated Cryptography).

Visa et MasterCard ont développé le concept Secure Electronic Transaction (SET) visant à éliminer le paiement par carte bancaire. Le logiciel SET devait assurer un contrôle indépendant de tout autre navigateur. La connexion se serait révélée d'autant plus sûre qu'elle faisait appel à un intermédiaire « tampon », chargé de garantir la sécurité des informations transmises. Le vendeur n'avait pas accès aux données de la carte bancaire et ne devait recevoir qu'un simple virement de cet organisme intermédiaire. Il n'était ainsi plus en mesure de réutiliser abusivement le numéro de la CB. Et l'intermédiaire, lui, ignorait la nature de l'achat (cryptage) effectué. Ce projet n'a pas abouti en raison, soi-disant, du désintérêt des clients.

Ne pouvant compter sur leur clientèle, les banques ont mis en place un système dérivé du SET : Card Verification Value (CVV). Un numéro à trois chiffres accolés aux quatre derniers du numéro d'identification est imprimé au dos de chaque carte. Outre le numéro de la carte et sa date d'expiration, le client doit, lors de chaque transaction à distance, décliner ce CVV. Les faussaires informés ne se contentent plus de récupérer le numéro de la carte, ils recueillent également le CVV. Pour déjouer les faussaires au cas où vous posséderiez une telle carte, mémorisez votre numéro avant de l'effacer de votre carte. Autre tendance qui semble poindre : le porte-monnaie électronique. Vous le chargez avec une certaine somme, qui servira ensuite à régler l'achat on line. Il devient alors « impossible » de le débiter de la somme qu'il ne contient pas. Mais il se recharge et/ou s'approvisionne à la guise du consommateur.

Des pirates avaient créé un faux site Internet ressemblant, trait pour trait, à celui d'eBay (site d'enchères en ligne), dans l'espoir de détourner les coordonnées bancaires des utilisateurs. Soyez par conséquent très méfiant avec les bonnes occasions que le Web propose et rappelez-vous que la contrefaçon de site existe.

- N'acceptez aucune transaction avec un internaute anonyme. Vérifiez toujours son numéro de téléphone et sa véridicité avant d'expédier un règlement.
- La société adhère-t-elle à une charte de protection des données ?
- Propose-t-elle, pour le paiement, un « tunnel » sécurisé et crypté ?
- Privilégiez le contre-remboursement.
- Doublez la trace. Une dans le fichier du disque dur, une version imprimée, et conservez une copie de la page qui proposait l'objet.

La norme X.509 concerne l'authentification des annuaires contenant les clés publiques. La vérification des clés s'effectue *via* le Certificate Revocation List (CRL). Le CRL tient à jour la liste des clés perdues, égarées, des personnes renvoyées, et leur date de péremption. Pour éviter toute substitution de clé, le certificat garantit l'appartenance d'une clé publique à un domaine, mais rien ne s'oppose à ce qu'un utilisateur détienne plusieurs clés, une par domaine. La détention des clés par un tiers pose un problème de taille. En cas de vol, détournement de clé, il sera impossible de discerner un usage abusif.

Il est d'une extrême importance que le tiers détenteur s'assure de l'identité du requérant, sinon il devient facile de se faire passer pour quelqu'un d'autre et d'obtenir ainsi sa clé publique. En possession de la clé publique, rien de plus simple que d'émettre un faux certificat. Raison pour laquelle tout utilisateur accrédité devrait prendre la précaution de conserver sa clé dans un Certificate Signing Unit (CSU).

La clé privée du certificat s'obtient en factorisant la clé publique. Le principe étant connu, il devient impératif d'utiliser une clé suffisamment longue (en tout cas supérieure à 1 024 bits) et accompagnée d'un mot de passe d'au moins 10 caractères. Dans le cadre d'une escalade délictuelle, on peut envisager de soudoyer ou de prendre en otage un membre de la famille du certificateur. D'où l'indispensable précaution, pour se protéger de ce danger, de faire appel à plusieurs organismes certificateurs en cascade.

Pour en savoir davantage sur la certification et le fonctionnement des serveurs Web :

- **comp.infosystems.www.servers.ms-windows**
- **comp.os.ms-windows.nt.adamin.networking**

Début octobre 2000, le président américain a ratifié une proposition visant à conférer à la signature électronique le même statut légal qu'une signature traditionnelle. L'acte ne prévoit cependant pas l'emploi d'une technologie définie. Une société propose un stylo électronique, qui mémorise les paramètres de la signature du scripteur.

Pour plus d'information sur les cartes à puce avec reconnaissance de l'utilisateur habilité à accéder à une prestation ou à un site, vous pouvez consulter le site : **http://www.towitoko.de/english/news/index.htm**

RECOMMANDATIONS

Un ensemble de recommandations, plus connu sous son sigle GASSP (Generally Accepted System Security Principles) tend à accroître la sécurité. On distingue trois phases :

- La prévention, qui comprend les informations, la conception, la sélection des mesures de protection, la mise en place des systèmes de protection, leur gestion, leur maintenance, l'estimation de la valeur des données et leur coût en cas de divulgation.
- La détection d'une intrusion. Évaluation de l'efficacité des étapes préventives, des contrôles, des enregistrements, des analyses et du rapprochement des incidents pour les contrer.
- La correction, qui doit proposer des solutions aux concepteurs, administrateurs, utilisateurs (programme de sensibilisation) et répondre aux besoins particuliers, ainsi que s'adapter aux évolutions des technologiques et des menaces.

Pour combattre l'usage frauduleux des cartes de crédit, une société (SiPix) a créé une carte qui affiche un nouveau code d'identification à chaque usage. L'utilisateur presse un bouton incorporé sur la carte et obtient, en retour, un code à usage unique. Un Malais est parti d'une autre idée. L'acheteur en ligne n'a pas à transmettre à quiconque son numéro confidentiel. L'acheteur contacte sa banque, à laquelle il communique le montant de l'achat qu'il s'apprête à effectuer et les références du vendeur. Après une vérification (automatique), l'établissement financier envoie à l'acheteur un code (*Cash Value Code*), valable uniquement pour cette transaction et non réutilisable.

Nous nous sommes intéressés jusqu'à présent à la captation des informations par une intrusion physique (matérielle). Mais rien n'empêche l'interception des informations par d'autres moyens. Citons :

- L'observation à distance avec un télescope.
- Le captage du champ électromagnétique rayonné par la très haute tension du tube.
- Le captage du champ magnétique dégagé autour des câbles assurant la connexion, voire de la tête du disque (pratique au point et du domaine du secret).
- L'analyse du spectre sonore de chaque touche du clavier, qui permettra ensuite de restituer le message saisi sur le clavier. Variante : un escroc avait dissimulé derrière l'appareil un enregistreur MP3. De retour chez lui, il décodait les tonalités et confectionnait ensuite une Yes Card.

Rappelez-vous que les données transitent par différents matériels :

informations entrantes
- clavier
- lecteur de disque
- cd-Rom
- disque dur, jazz, etc.
- scanner
- tablette graphique

informations sortantes
- moniteur (écran)
- mémoire amovible
- disque dur
- imprimante
- radiofréquence, lumineuse (IR)

bidirectionnelles
- Bluetooth, Wi-Fi
- clé USB
- modem

LE RAPPORT VAN ECK

Ce rapport fut présenté pour la première fois en 1985, lors d'une conférence à Cannes, et porte depuis le nom de son auteur. Comme tout ce qui est génial, l'idée est d'une simplicité spartiate, voire à la portée d'un amateur éclairé. Ne vous est-il jamais arrivé d'être importuné, sur votre téléviseur, par des parasites en provenance d'un cyclomoteur passant à une assez grande distance ? Vous aurez alors expérimenté le principe du rapport Van Eck. Dans un ordinateur, il se passe exactement la même chose. Les signaux sont envoyés à l'écran pour s'y afficher, mais le tube cathodique de l'écran (canon à électrons) a besoin, pour fonctionner, d'une tension très élevée, ce qui génère un puissant champ électromagnétique. Schématiquement exacte, toute l'astuce consiste à régler les deux oscillateurs servant à la synchronisation horizontale et verticale d'un téléviseur sur les deux fréquences correspondant à celles émise par l'ordinateur à pirater. Cela se réalise en deux étapes. On commence par rechercher la synchronisation ligne de l'image, avant de régler la synchro du deuxième oscillateur. Les deux oscillateurs une fois combinés et ajustés sur les bonnes fréquences, il y a restitution du signal sur le téléviseur. Nous n'en dirons pas plus sur cette diabolique technique, qui permet à un véhicule installé à une centaine de mètres de capter les données informatiques s'affichant sur un moniteur, et même de recevoir en clair certaines transmissions codées ! Le prix de cet outil ? Quelques centaines d'euros. Pour le déjouer ? Utilisez un écran à cristaux liquides ou un ordinateur aux normes Tempest.

Adresses

- **http://www.eskimo.com/~joelm/tempest.html** (protection par captage)
- **www.parodie.com/raptsbancaires** (failles du système cartes bancaires)
- **www.kitetoa.com** (sécurité du commerce en ligne)
- **www.thawte.com** (cryptage VeriSign utilisé par 90 % des sites e.com)

CHAPITRE XII

LA SOURIS, UNE ARME SUBVERSIVE

« Dans un État libre, la parole et
la pensée doivent être libres. »
Tibère

Le mercredi 8 novembre 2006, l'association Reporters sans frontières (RSF) terminait son action « 24 heures contre la censure Internet ». Le but de cette cybermobilisation était de sensibiliser la population à la liberté d'expression. Durant ces vingt-quatre heures, le site de RSF a reçu plus de 100 000 visites d'internautes décidés à lutter contre les « ennemis d'Internet ». Une liste de treize pays a été publiée, et les internautes ont pu découvrir les « dérives éthiques » de certaines sociétés qui collaborent avec les autorités chinoises pour traquer les cyberdissidents, ainsi que les noms de 61 personnes emprisonnées à cause du contenu de leur site ou blog. Quelques-unes d'entre elles ont écopé de quatorze à vingt-sept ans d'emprisonnement.

Entre février et août 2004, les autorités chinoises ont fait fermer plus de 1 600 cafés Internet et infligé plus de 10 millions d'euros d'amende à d'autres établissements accusés d'avoir autorisé des mineurs à jouer à des jeux violents. En Chine, pour échapper à la surveillance des autorités, certains internautes se connectent au réseau en se branchant directement, s'ils le peuvent, sur des serveurs installés à l'étranger. Il faut savoir que dans ce pays, tout le trafic transite par l'un des cinq nœuds reliant le réseau. En ces endroits stratégiques, le gouvernement a placé des systèmes de contrôle lui permettant de surveiller toutes les connexions. La police est en mesure de contrôler tous les courriels, de savoir qui consulte certains sites Internet.

Comme ces mesures ont été jugées insuffisantes, des logiciels censeurs redirigent automatiquement les internautes sur des sites de propagande du régime. De son côté, la société américaine Verso Technologies a déclaré, en novembre 2005, tester pour le compte d'un opérateur chinois un logiciel apte à bloquer des services de téléphonie d'ordinateur à ordinateur.

La liberté d'expression, la liberté d'informer et d'être informé, le droit et le besoin de savoir constituent le fondement de la démocratie. La liberté d'expression, véritable « chien de garde », comprend deux volets, l'un relevant de la sphère publique, et l'autre, de la sphère privée. Selon le contenu et le destinataire, Internet peut être assimilé à une communication tantôt privée (courriel, téléphonie, forum fermé restreint à un petit groupe), tantôt publique (site, blog, *spam*, forum, base de données), voire de masse. Internet est un média (support) assimilable à la presse écrite, la presse audiovisuelle, électronique, et même à un service d'information (service fourni contre rémunération, à distance par voie électronique et à la demande individuelle d'un destinataire de service. Directive e-commerce du 8 juin 2000).

Internet se caractérise par son interactivité (échange bidirectionnel), ses liens hypertextes (mise en relation), son internationalité (abolition des frontières), sa transparence, son activité non soumise à une autorisation préalable (article 4 de la loi du 11 mars 2003 de la Cour européenne). Autant d'aspects qui remettent en cause le pouvoir de l'État. Internet est un espace virtuel d'expression. Une information peut respecter le droit du pays qui héberge le site, mais être récupérée par un internaute relevant d'un autre État. En mai 2000, le FAI Yahoo fut assigné devant la justice française pour avoir permis aux internautes français de participer aux enchères en ligne d'objets nazis. Les paires de mitaines tricotées en Lettonie et décorées de la svastika traditionnelle, considérées comme un « trésor artisanal », vont-elles être bannies des étals de Riga ? Le tribunal somma le FAI de mettre en place un système de filtrage destiné à bloquer les internautes français. Quand on sait quelles difficultés cela comporte, il y a de quoi s'interroger, à moins d'en arriver à la situation en vigueur en

Chine. La cour fédérale californienne estima pour sa part, en novembre 2001, que les lois françaises ne pouvaient s'appliquer à des sites basés aux États-Unis.

En raison des divergences politiques, culturelles, religieuses, etc., réguler le contenu n'est pas chose aisée. La réglementation de la pédophilie, par exemple, diffère en Europe et au Japon, comme celle du nazisme aux États-Unis. Pour la constitution américaine, il n'existe pas d'idée fausse. « Si nuisible que puisse paraître une opinion, elle ne doit pas dépendre de la justice, mais relever du débat entre d'autres idées. Le droit à la différence autorise un individu à exprimer des opinions personnelles, même si elles font l'objet de rejet de la majorité des autres personnes. »

Selon RSF, « la décision de fermer un site Web, même illégal, ne doit en aucun cas être prise par un hébergeur. Seul un juge peut décider de l'interdiction d'une publication en ligne ».

L'article 10 de la Cour européenne des droits de l'homme stipule, à propos de la liberté d'expression : « Elle vaut non seulement pour les informations ou idées accueillies avec ferveur ou considérées comme inoffensives ou indifférentes, mais aussi pour celles qui heurtent, choquent ou inquiètent l'État ou une fraction quelconque de la population. (...) la liberté de communiquer des informations et des idées sans qu'il puisse y avoir ingérence d'autorité publique et sans considération de frontières ». Un avis de la même cour énonce « que le droit de toute personne à rechercher des informations est tacitement reconnu dans l'article 10 ».

Les nouvelles technologies de l'information et de la communication (NTIC) font aujourd'hui partie de notre société, et leurs mauvais usages (désinformation – manipulation – distorsion) pervertissent l'information et représentent de nouvelles menaces. Il y a, bien sûr, un risque de nature terroriste, d'hacktivisme, de pédophilie, de discrimination (fondée, notamment, sur la race, le sexe, la religion, l'appartenance politique, les origines, le handicap, etc.), de négationnisme, révisionnisme, d'incitation à la haine, d'apologie de crimes de guerre, de provocation au délit, sans oublier celui d'atteinte à la vie privée du citoyen. Dans ce dernier cas, rien ne vous oblige à déballer votre vie sur le Net, à moins que cela n'aide votre ego à avoir le sentiment d'exister. Vous pouvez très bien éditer votre page Web de façon anonyme (**www.anonymizer.secuser.com/**). Ensuite, s'il s'agit de vous identifier auprès d'un FAI (amendement Bloche), ce n'est pas parce qu'il vous demande des informations personnelles (bien souvent en contradiction avec les recommandations de la CNIL) que vous êtes tenu de les lui livrer. Un pseudo fera souvent l'affaire. Nombre de propositions d'hébergeurs qui n'en sollicitent pas se rémunèrent en vendant les données ainsi collectées.

L'ébauche de ce qui allait constituer la notion de protection de la vie privée d'un individu remonte à l'Ancien Régime (1704) et, avant cela, à l'édit de Charles IX (1561) concernant les gentilshommes. Comme vous pouvez le constater, cela ne date pas d'hier. Connaissez-vous l'ancien article 434-23 du code pénal ? Il réprime et punit le fait de prendre le nom d'un tiers dans des circonstances susceptibles d'entraîner des poursuites pénales à son encontre (cinq ans d'emprisonnement et 75 000 euros d'amende). Vous avez saisi la nuance avec l'obligation de décliner votre patronyme sur la Toile ?

Internet constitue, pour la démocratie, un nouveau défi et des réponses nouvelles doivent être trouvées. Le fait qu'Internet ne soit soumis à aucun contrôle centralisé inquiète certains gouvernements. Depuis l'attentat du 11 septembre 2000, les mesures visant à contrôler les communications et à surveiller le Net se sont multipliées. La France tente de plus en plus à vouloir imposer une nouvelle forme de censure à l'Association des Fournisseurs d'accès, qui regroupe les FAI français. Il y a déjà bien longtemps qu'il n'est plus possible de débattre publiquement de certains sujets, mais la liste des sujets « tabous » ne cesse chaque jour de s'allonger. Il est vrai que la France est encore l'un des rares pays à interdire la publication des sondages à la veille des élections, alors que la presse étrangère les publie et diffuse les estimations avant 20 heures. En France, on a encore trop souvent tendance à confondre le contenant avec le contenu. Suffit-il d'abolir le mot « race » pour supprimer le racisme et circonscrire le racialisme ? Voltaire n'écrivit-il pas : « Je ne suis pas d'accord avec ce que vous dites, mais je me battrai pour que vous puissiez le dire » ?

La censure, à savoir le droit que s'arroge un gouvernement pour exercer un contrôle sur les publications (au sens large) en dehors de tout tribunal, est une mesure propre aux régimes autoritaires. Le mot censure viendrait du latin *censor*, un terme qui désignait un magistrat romain et qui, au sens figuré, véhiculait la notion de « blâme ». Le concile de Soissons fit brûler en 1121 un manuscrit d'Abélard parce que son auteur en avait autorisé des copies sans l'avoir préalablement soumis à l'Église.

Au XVIe siècle, l'imprimerie inquiète et François Ier décide de sévir. Des ouvrages sont brûlés, des imprimeurs arrêtés, des presses détruites. Le maître imprimeur Étienne Dolet finira, le 3 août 1546, sur le bûcher ! Pendant fort longtemps, la censure allait être exercée par l'université de Paris. Sous le régime de Charles IX, la censure se cantonnera aux écrits religieux, et c'est sous le gouvernement du cardinal de Richelieu qu'une ordonnance (1629) chargera le garde des Sceaux de s'assurer du contenu des ouvrages destinés à être imprimés avant d'accorder un privilège. Tel est l'ancêtre du dépôt légal, qui subsiste encore de nos jours.

1742 verra se constituer le corps des censeurs royaux. L'impression d'un livre sans obtention du privilège était un crime. Lorsque Louis XVI convoquera les états généraux, la liberté de la presse sera au cœur des débats. La Constituante inscrira dans l'article 11 de la Déclaration des droits de l'homme : « La libre communication des pensées et des opinions est un des droits les plus précieux de l'homme, tout citoyen peut donc parler, écrire et imprimer librement, sauf à répondre de l'abus de cette liberté dans les cas déterminés par la loi ». Seules les publications constituant une infraction à la loi pouvaient être sanctionnées, et à la condition que la sanction soit prononcée par un tribunal.

La Déclaration des droits de l'homme de 1789 plaça l'individu au centre de la société. L'article 4 précise : « La liberté consiste à pouvoir faire tout ce qui ne nuit pas à autrui, aussi l'exercice des droits naturels de chaque homme n'a de bornes que celles qui assurent aux autres membres de la société la jouissance des mêmes droits. Ces bornes ne peuvent être déterminées que par la loi ».

La Constitution de 1791 confirma : « La liberté est accordée à tout homme de parler, d'écrire, d'imprimer et de publier ses pensées sans que les écrits puissent être soumis à aucune censure ni inspection préalable » Napoléon Bonaparte rétablira la censure à destination de la presse par le décret du 5 février 1810. L'empereur avait dû oublier les paroles du comte Treillard en 1809 : « Toute censure pour arrêter l'impression des ouvrages dangereux est inutile, elle n'empêchera jamais d'imprimer et de distribuer les ouvrages en secret. Elle n'aura d'autre résultat que de leur donner plus de vogue et d'en faire augmenter le prix ». Réalisant son erreur, il la supprimera à son retour de l'île d'Elbe (1815).

Au cours du XXe siècle, la censure deviendra arbitraire. En détournant la loi du 16 juillet 1949 (sur les publications destinées à la jeunesse), un simple arrêté du ministre de l'Intérieur peut empêcher, sans recours possible, une publication. Article 2 : « Les publications visées à l'article premier ne doivent comporter aucune illustration, aucun récit, aucune chronique, aucune rubrique, aucune insertion présentant sous un jour favorable le banditisme, le mensonge, le vol, la paresse, la lâcheté, la débauche ou tous actes qualifiés, crimes ou délits ou de nature à démoraliser l'enfance ou la jeunesse » La vente des exploits du « Gentleman cambrioleur » était de nature à constituer un délit ! Si l'on ne peut que louer les bonnes intentions du législateur pour protéger la jeunesse, on s'étonnera en revanche de l'ordonnance du 23 décembre 1958, qui vient compléter la loi du 16 juillet 1949, et notamment de l'article 14, qui étend la loi aux publications de toute nature, c'est-à-dire à tous les écrits publiés. Des écrits en outre interdits par la seule volonté du ministre de l'Intérieur.

En effet, le paragraphe 3 dispose : « Les publications auxquelles s'appliquent ces interdictions sont désignées par arrêté du ministre de l'Intérieur. La commission chargée de la surveillance et des publications destinées à la jeunesse et à l'adolescence est habilitée à signaler les publications qui lui paraissent justifier ces interdictions ». La sanction peut intervenir à tout moment et s'abattre sur n'importe quel livre, sans avoir à fournir la moindre justification et sans débat contradictoire devant un tribunal. Et d'ajouter : « Les officiers de police judiciaire pourront, avant toute poursuite, saisir les publications exposées, ils pourront également saisir, arracher, lacérer, détruire tout matériel de publicité en faveur de ces publications ». Le politique craignait-il de ne pas être suivi par les magistrats, qui auraient probablement refusé de condamner des écrits n'enfreignant aucune loi pénale ? Savez-vous que plus de la moitié des pays membres d'Interpol (Organisation internationale de police criminelle) n'ont aucune loi criminalisant la pornographie enfantine ?

La censure relève donc avant tout d'un jugement d'État ou personnel. Rappelez-vous l'accueil de *La Dernière Tentation du Christ*, de Martin Scorcese, ou de la polémique à propos du film *Baise-moi* de Virginie Despentes. À la censure inconsciente est venue s'ajouter l'autocensure. Après le 11 septembre, de nombreux films ont vu leur sortie reportée, leur producteur pensant que le moment était malvenu d'évoquer certains points de vue. Peu de changements sont intervenus depuis l'interdiction de la chanson *Le déserteur* de Boris Vian. En à peine trois décennies, plus de 200 livres ont été interdits ! Quelle place reste-t-il à la créativité et à son corollaire, la liberté d'expression ? Chaque jour, la censure politique, sociale, économique, culturelle réduit à une peau de chagrin les libertés qui étaient pourtant inscrites dans les textes. Un texte en chasse un autre, et certains de ceux qui sont chargés de faire les lois ne tardent pas à imposer leur loi, ou du moins celle qui les arrange ou celle des lobbies qui sont dans la coulisse. Il n'y a encore pas si longtemps, la pornographie était un délit réprimé par le code pénal, et les attitudes de notre B.B. nationale, considérées jadis comme une véritable provocation, ne font plus rougir personne.

La liberté d'expression, le « droit de savoir », s'apparentent de plus en plus à une liberté créance, c'est-à-dire à une liberté placée sous contrôle. Nous sommes loin de la pensée de Nicolas Berdiaeff : « La liberté n'est pas un droit, c'est un devoir ». La liberté d'expression, d'information s'estompe de plus en plus. La passion, le lobbying de certains groupes tendent à l'autocensure et à s'opposer à tout débat de fond. Pourquoi la liberté devrait-elle, comme l'a écrit Rosa Luxembourg, toujours être celle de celui qui pense différemment ? Parler de liberté n'a de sens qu'à condition qu'il s'agisse de la liberté de dire aux gens ce qu'ils n'ont pas envie d'entendre, aimait à répéter George Orwell.

Un article paru dans le *Genève Home Informations* du 25 mai 2005, sous la signature de Gérard Leroux, a de quoi inquiéter. Un banquier à la retraite a expédié, de Londres, un courriel contenant un passage du livre de Simon Blackburn, *The Virtue of Lust*, à un ami situé aux U.S.A. Et voici l'e-mail qu'il a reçu d'un organe de contrôle français : « Le 14 mai 2005, à 17h39, Interscan MSS écrit : Un message, envoyé par XX@mac.com et destiné à Tom & Majorie XX@aol.com, avec pour objet « Lust » by Simon Blackburn (*atheist philosopher*) reviewed by Christian philosopher, W. Jay Wood, contenant certains termes assimilés à la pornographie ou à des insultes, a été placé en quarantaine. S'il s'agit d'une mauvaise interprétation du système, vous pouvez nous contacter à l'adresse **postmaster@cnc.fr** ». Non seulement l'expéditeur attend toujours la réponse à son interrogation, mais que vient faire un organe français de contrôle dans l'acheminement d'un courriel de Londres à New York ?

La France, depuis les cabinets noirs, baigne dans le secret et n'en est plus à une contradiction près. Il y a le secret de l'instruction, le secret du confessionnal, le secret défense, le secret d'État, le secret des affaires, le secret médical, le secret des délibérations, le secret de la correspondance, le secret professionnel, le secret de fonction, le secret de l'isoloir, les fonds secrets, le devoir de réserve, sans oublier l'anachronique « confidentiel » et « secret cour », pour lesquels l'habilitation, la classification et la manipulation ont fait l'objet d'un décret secret, qui n'a même pas donné lieu à une insertion dans le Journal officiel ! La France, qui a plusieurs fois été « épinglée » par l'Europe, va-t-elle être l'un des premiers pays à créer le délit de cyberdissidence ?

Les nouvelles technologies de l'information deviendront-elles des vecteurs d'émancipation ou, au contraire, des instruments de surveillance et de répression ? Pour conclure, je citerai Milton (1644) : « Au-dessus de toutes les autres libertés, donnez-moi celle de connaître, de dire, de discuter librement, selon ma conscience ».

TABLE DES MATIÈRES

D'autres ouvrages de *Gérard Desmaretz* aux éditions Chiron

GÉRARD
DESMARETZ
PRISE D'OTAGES
MODE D'EMPLOI
Comment l'éviter
Comment s'en sortir

GÉRARD
DESMARETZ
DES
GUERRES
RÉVOLUTIONNAIRES
AU
TERRORISME
LES STRATÉGIES DE LA SUBVERSION

TWAPI MOA
Un lien entre les êtres

• CONCEPTION • GRAPHISME • RÉALISATION •

Maquette et mise en page : Delphine Brossard
E-mail : **contact@twapimoa.com**

Achevé d'imprimer en septembre 2007
sur les presses de la Nouvelle Imprimerie Laballery
58500 Clamecy
Dépôt légal : septembre 2007
Numéro d'impression : 709078

Imprimé en France